40 DIAS LA INMORTALIDAD AL ALCANCE DE LA MANO

Juan Martin Gonzalez

authorHOUSE®

AuthorHouse™
1663 Liberty Drive
Bloomington, IN 47403
www.authorhouse.com
Phone: 1-800-839-8640

First published by AuthorHouse   07/14/2011

ISBN: 978-1-4567-4645-2 (sc)
ISBN: 978-1-4567-4644-5 (hc)
ISBN: 978-1-4567-4643-8 (ebk)

Library of Congress Control Number: 2011902857

Printed in the United States of America

INDICE

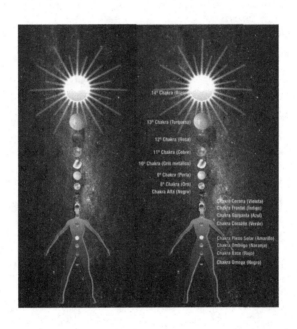

14° Chakra (Blanco)

13° Chakra (Turquesa)

12° Chakra (Rosa)
11° Chakra (Cobre)
10° Chakra (Gris metálico)
9° Chakra (Perla)
8° Chakra (Oro)
Chakra Alfa (Negro)

Chakra Corona (Violeta)
Chakra Frontal (Índigo)
Chakra Garganta (Azul)
Chakra Corazón (Verde)

Chakra Plexo Solar (Amarillo)
Chakra Ombligo (Naranja)
Chakra Base (Rojo)
Chakra Omega (Negro)

4O DIAS LA INMORTALIDAD AL ALCANCE DE LA MANO

PRIMERA PARTE DEL METODO PEMPENIDES ESPECIAL NOMINATIVO SISTEMA DE 14 CHACRAS-ARBOL DE LA VIDA 14 SEFIRAS

"EL LIBRO DE LA VIDA"

DESARROLLO INTERNO

DEL SER HUMANO AL SER DIVINO

UNIFICACION CUERPO, MENTE Y ESPIRITU - UNIFICACION DEL SER MULTIDIMENSIONAL.

EDICION ESPECIAL

Esta forma especial nominativa sólo se activará totalmente cuando escriba más abajo su filiación:

Nombre y Apellidos....

Fecha de Nacimiento....

En caso de E-BOOK imprime esta página y escribe tu nombre, apellido y fecha de nacimiento. Al hacerlo, quedara codificado el sistema 40 dias.

Esto es efectivo solamente para su legítimo propietario. El sistema no admite copia del libro para otra persona.

Una vez consignados sus datos, el sistema de transmisión

de energías quedará activado para su exclusivo uso.

Imparte y transmite JUAN MARTIN GONZALEZ "SANAT KUMARA, ESU EMMANUEL SANANDA, HORUS, SAMESHING, ABRAXAS, OMNINOMBRE"

A MODO DE INTRODUCCION:

Este sistema de desarrollo ha sido escrito tal y como el autor lo ha realizado en si mismo siguiendo la Guía y Decretos que ha ido recibiendo desde Dimensiones más Elevadas.

Los Decretos están redactados tal y como el mismo los ha recibido para sí mismo, los cuales son extensibles para todos los Seres Humanos.

Si quieres para empezar sigue estas reglas básicas. CADA DIA UNA COSA, SIN PRISA SIN PAUSA.

Primero lee hasta el Decreto Eliminación Karma inclusive, solo leer y oir una hora seguida el audio de eliminación karma especial nominativo.

Conforme tengas tiempo ve practicando el trabajar con el péndulo.

Al día siguiente oye el audio de Irradiación Fuego Diamantino una hora seguida solo eso, práctica la Invocación y hacer el contacto solo eso.

Al día siguiente haz el ejercicio para estar en el Centro Corazón, hazlo dos o tres veces, después dices REMEMORAR Centro Corazón, verás que la energía fluirá por sí sola, practica la invocación del Audio Irradiación Fuego Diamantino y pide te ponga los Guantes de Atracción, solo eso.

Al día siguiente dices activación guantes de Atracción, y Rememora CENTRO CORAZON, luego haces las meditaciones Especial Enfermos Graves y Limpieza Profunda, con la Invocación pide Guantes de Repulsión y Guantes Rayo Llama Violeta, y practica algo con ellos, solo eso.

Al día siguiente dices activar Guantes de Atracción, Rememorar Centro Corazón y haces la meditación de Anulación Lazos con la Matriz solo eso, aunque si tienes ganas puedes hacer algo de trabajo con Guantes de Repulsión más llama violeta, para seguir limpiando.

Al día siguiente dices activar guantes de Atracción, y pides guantes Centro Corazón, y también los activas, esto será el trabajo de todos los días, verás que es un momento, luego haces los Flujos Energéticos leído o con los tres audios, solo eso.

Al día siguiente, dices activar Guantes de Atracción, y pide Guantes Centro Corazón, y también los activas, después vuelves a hacer Flujos Energéticos, al acabar dices REMEMORAR FLUJOS ENERGETICOS, y pides Guantes Flujos Energéticos.

Al día siguiente dices, Activar Guantes, ATRACCION luego Activar Guantes CENTRO CORAZON, los Flujos Energéticos los puedes también activar con REMEMORAR FLUJOS ENERGETICOS más los GUANTES Flujos Energéticos, aunque si tienes tiempo es conveniente al principio que oigas los audios.

Este día empiezas a oir diariamente 4 veces el audio de erradicación del ARBOL DE LA CIENCIA DEL BIEN Y DEL MAL.

Al día siguiente dices, activar guantes, ATRACCION, luego Activar Guantes CENTRO CORAZON, los Flujos Energéticos los puedes también activar con REMEMORAR FLUJOS ENERGETICOS más los Guantes Flujos Energéticos, oyes 4 veces el audio de erradicación del ARBOL DE LA CIENCIA

DEL BIEN Y DEL MAL y Activación Anthakarana Pineal Corazón.

Al día siguiente dices, activar guantes, ATRACCION, luego Activar Guantes CENTRO CORAZON, los Flujos Energéticos los puedes también activar con REMEMORAR FLUJOS ENERGETICOS más los Guantes Flujos Energéticos, oyes 4 veces el audio de erradicación del ARBOL DE LA CIENCIA DEL BIEN Y DEL MAL.

A través de la Invocación, de la misma forma que con los guantes, haz el apartado PARA PROTECCION CUANDO SALIMOS DE CASA y ACTIVACIONES VARIAS que se encuentra en el índice al final del libro.

Al día siguiente dices, activar guantes, ATRACCION, luego Activar Guantes CENTRO CORAZON, los Flujos Energéticos los puedes tambien activar con REMEMORAR FLUJOS ENERGETICOS más los Guantes Flujos Energéticos, oyes 4 veces el audio de erradicación del ARBOL DE LA CIENCIA DEL BIEN Y DEL MAL y ya vas haciendo el día a día que pone el método tal y como está.

Espero y deseo que esta breve guía a modo de introducción le sea de utilidad.

Esta primera parte consta de la transmisión de energías correspondientes a los siete primeros campos áuricos o las llamadas en Oriente 49 puertas, más la erradicación de la llamada hormona de la muerte (Árbol de la Ciencia del Bien y del Mal), más 46 meditaciones de transmisión de energías del Árbol de la Vida de 10 séfiras, activaciones de flujos energéticos y otras activaciones y meditaciones varias, tanto por escrito como en audio en audio, día a día se indica lo que corresponde.

En el método al completo, encontrarán, la parte introductoria explicativa y de enseñanza, después la parte de transmisión directa de las energías correspondientes a las diferentes iniciaciones, transmisión de YO SOY EL ALPHA Y LA OMEGA, las 46 meditaciones de transmisión de energías del Árbol de la Vida de 10 séfiras, las meditaciones diversas, y las 113 meditaciones de transmisión de energías del Árbol de la Vida de 14 séfiras.

ACLARACIONES SOBRE TERMINOLOGIA DEL METODO PEMPENIDES.

"En el Sistema Método Pempenides El Libro de la Vida, hablamos sobre Séfiras o Sefiroth, Chacras o Iglesias, Pétalos de los Chacras, Días, Puertas, Kundalini, Ida-Pingala, Planos, Sub-planos, Dimensiones etc.

Todos éstos son conceptos que podrían llamarse metafísicos y que están presentes en diferentes culturas en el mundo.

Para las personas que puedan tener estos conceptos poco claros expondré brevemente qué son en referencia a nuestro cuerpo físico y energético.

SEFIRAS O SEFITOTH.

Son conceptos de la KABALA se refieren a nivel físico a nuestras glándulas endocrinas y su producción hormonal, precisamente el llamado ARBOL DE LA VIDA es esto mismo a nivel físico. Es sabido que cuando la producción hormonal está desequilibrada también induce desequilibrios a nivel emocional y mental así como enfermedades a nivel físico, de ahí la importancia de trabajar el ARBOL DE LA VIDA, equilibrando nuestro sistema endocrino.

ARBOL DE LA CIENCIA DEL BIEN Y DEL MAL, representa la evolución a través del contraste entre las polaridades Blanco-Negro, Vida-Muerte, etc.

A nivel físico también representa la llamada HORMONA DE LA MUERTE, es una hormona que el cuerpo humano produce a partir de la pubertad y que como su nombre indica va fijando desde esa temprana edad los parámetros para el envejecimiento celular y la muerte. De ahí que sea de capital importancia erradicarla, para ello en el sistema 40 Días la Inmortalidad al Alcance de la Mano, hay un AUDIO DECRETO para su erradicación, y al final de los 40 días y terminadas las 46 meditaciones de transmisión del árbol de la Vida de 10 séfiras, se puede detener el proceso de envejecimiento y ahora ya también se puede empezar a rejuvenecer, incorporando el llamado Manantial de la Eterna Juventud.

CHACRAS, IGLESIAS, RUEDAS

Todos ellos son conceptos que significan lo mismo y se refieren a los vórtices de energía que a manera de pequeños tornados tenemos en nuestro cuerpo y que sirven para que el cuerpo físico denso se comunique con el cuerpo energético (AURA), integrando energías en el físico o bien sacándolas.

Estos vórtices cuando se abren y activan tienen lo que se denominan pétalos, a manera de los dientes de una rueda, o de los pétalos de una flor abierta.

Cada uno de ellos tiene diferentes cantidades de estos dientes o pétalos, así por ejemplo el primer chacra en la zona del perineo (entre el ano y los órganos sexuales en las mujeres y próstata en los hombres), tiene cuatro de éstos pétalos, sin embargo el cuarto chacra situada entre los senos tiene doce, y el séptimo chacra encima de la cabeza una vez abierto tiene 960, aunque se le denomina el de los MIL PETALOS.

KUNDALINI.

Energía que se encuentra en la base de la columna vertebral y que al liberarla asciende por toda la columna hasta la coronilla, activando a su paso todo el sistema nervioso y de chacras.

IDA-*PINGALA*

Canales de energías, polos de opuestos, positivo-negativo, masculino-femenino
DIAS, PUERTAS, PLANOS SUBPLANOS etc.

El campo áurico humano tiene 7 diferentes zonas o bandas de energía, éstas bandas de energía tienen una vibración diferente las más próximas vibran menos que las más alejadas.

Estas zonas en las diferentes tradiciones se denominan planos de energías, o días.

Éstas a su vez tienen 7 sub-planos cada una, o lo que es lo mismo dentro de cada una de ellas hay 7 divisiones, formando un total de 7x7 igual a 49 sub-planos.

Estos sub-planos en diferentes tradiciones se denominan puertas, también en otras los denominan días.

El termino día puede referirse a un plano completo con sus siete sub-planos o solo a un sub-plano dependiendo del contexto.

Las Dimensiones son estados de manifestación o BANDAS DE RATIOS VIBRACIONALES, así decimos por ejemplo que el Reino Mineral pertenece a la primera dimensión, el Vegetal a la segunda, el animal a la tercera. Etc.

También en el método aparecen términos como plano Etérico, Emocional, Mental Búdico, Átmico, Monádico y Adi, que es una terminológica aceptada por la gran mayoría de la humanidad para referirse a las diferentes Bandas del campo áurico.

Espero que con esta somera explicación tengan una más y completa comprensión del Método Pempenides El Libro de la Vida, escrito en esta época para ayudar al Ser Humano en su camino hacia la "**Inmortalidad.**"

El método Pempenides Especial Nominativo EL LIBRO DE LA VIDA, es muy sencillo de utilizar, basta ir leyendo los decretos de las iniciaciones primero, y conforme se lee ocurre en el cuerpo, igual en los audios.

Simultáneamente con las iniciaciones primeras día a día se leen las transmisiones del árbol de la vida de 10 séfiras, una cada día, son 46, de tal forma que las iniciaciones primeras (40 días la Inmortalidad al alcance de la mano) prácticamente terminan al mismo ritmo que el Árbol de la Vida de 10 séfiras.

Es conveniente hacer tres lecturas de los árboles, aún y cuando el método lo hayan terminado, hayan roto su huevo áurico al acabar el sistema al completo y sean ya Maestros.

La codificación de transmisión de energías está hecha de tal forma que cuando terminas un mundo cabalístico, al empezar de nuevo, ya empiezas por el siguiente mundo, salvo la primera vez en que se activan los dos primeros simultáneamente.

IMPORTANTE. Recomendamos que desde el inicio del proceso se empiecen a tomar infusiones depurativas para los riñones (tres al día). Un compuesto a base de hierbas como la arenaria, estigmas de maíz, gayuba, cola de caballo o algún otro como perejil puede ser apropiado, también para limpiar el hígado (Una al día) a base de alcachofa natural o si se prefiere siropes o píldoras.

Recomiendo beber abundante agua para depurar el organismo, conveniente uno o dos vasos antes de acostarse, y dos o tres al levantarse en ayunas, junto con una pizca de bicarbonato sódico para equilibrar el pH celular.

También es muy importante aprender a ver la televisión ya sea una competición deportiva, una película o un debate con ecuanimidad, sin tomar partido por nadie ya que cuando estamos a favor de uno implícitamente vamos contra otro, lo cual crea karma, no emitir juicios sobre los demás es una de las reglas básicas en todo avance espiritual, recordad que solo hay un Juez.

13

INTRODUCCIÓN

La introducción es básicamente información general de cómo he ido haciendo yo mi propio proceso hasta Marzo del 2008, puede saltarse o posponer su lectura, salvo como trabajar con el péndulo que es conveniente saberlo.

El método propiamente dicho empieza a partir de COMO EMPEZAR CON LOS AUDIOS DEL METODO, que aparece después de la introducción.

El ser humano básicamente consta de un cuerpo físico rodeado de un cuerpo o huevo áurico.

El cuerpo físico contiene en sus células el llamado genoma humano o código genético heredado de nuestros antepasados.

Tanto el cuerpo físico (GENOMA) como el campo áurico tienen genes y partículas puras e impuras, sanas y enfermas día y noche.

El cuerpo físico y el campo áurico se penetran por medio de los llamados chacras, iglesias o centros de conciencia.

El cuerpo áurico básicamente consta de siete planos o capas (días) cada una de las cuales se divide a su vez en siete sub-planos, salvo el plano ADI, que tiene 32 sub-planos adicionales con 81 puertas o días, hasta la apertura de la décima puerta, e innumerables a partir de ahí.

Hay infinidad de tratados en todas las lenguas y culturas que desmenuzan y describen hasta la saciedad cada uno de los centros de conciencia y de los planos áuricos, así como de cada uno de los senderos del ARBOL DE LA VIDA.

Ahora bien, bajo mi punto de vista, lo verdaderamente importante, es saber que, todo el trabajo de desarrollo estriba en Arrastrar al Cuerpo Físico Todos Los Planos Áuricos, lo cual hasta ahora ha sido una tarea tanto menos que imposible, siendo contadas las personas que lo han conseguido en toda la historia de la humanidad.

Sin embargo ahora, con la llegada de la Sexta Raza u Hombre Nuevo a la Tierra, esto que hasta ahora parecía casi imposible se puede conseguir en un espacio de tiempo relativamente corto y casi sin esfuerzo. Una vez conseguido esto, el ser humano, ahora divino, se hace prácticamente inmune a las enfermedades tanto físicas como mentales, pudiendo llegar a alcanzar una longevidad hasta ahora desconocida, y lo más importante, en total posesión de sus facultades.

La integración de energías ocurre de la forma siguiente:

Al arrastrar al físico el primer plano correspondiente a la iglesia de ÉFESO, chacra raíz, se integran las energías correspondientes al primer sub-plano de este plano Físico.

Al hacer lo mismo con el plano correspondiente a la iglesia de Esmirna, plano Astral, se integran las energías correspondientes al primer sub-plano del plano Astral, más las del segundo sub-plano del plano Físico.

En el plano Mental, iglesia de Pérgamo, se integran las del primer sub-plano del Mental, las del segundo del Astral y las del tercero del Físico.

En el cuarto, plano Búdico, iglesia de Tiatira, se integran las energías del primer sub-plano de este cuarto plano, más las del segundo del Mental, tercero del Astral y cuarto del Físico.

En el quinto, plano Átmico, iglesia de Sardes, se integran las energías del primer sub-plano de este quinto plano, más las del segundo del Búdico, tercero del Mental, cuarto del Astral y quinto del Físico.

En el Sexto, plano Monádico, iglesia de Filadelphia, se integran las energías del primer sub-plano del Monádico, las del segundo del Átmico, tercero del Búdico, cuarto del Mental, quinto del Astral y sexto del Físico.

En el Séptimo, plano ADI, iglesia de Laodicea, se integran las energías del primer sub-plano del plano Adi, del segundo sub-plano del Monádico, tercero del Átmico, cuarto del Búdico (momento en que se produce la primera crucifixión), quinto del Mental, sexto del Astral y séptimo del Físico.

Y así sucesivamente hasta llegar al séptimo sub-plano del plano ADI, donde ya tendremos integradas los 49 sub-planos o puertas, a priori, la totalidad del desarrollo en el esquema Septenario que compone nuestro sistema Solar y por consiguiente nuestro planeta.

Pero, si casi siempre hay un pero, en esta época parece que es muy posible seguir el desarrollo ¿Hasta dónde? Quién sabe, de momento en la segunda parte del Método Pempenides se llega hasta la finalización del sistema de 14 chacras, Árbol de la Vida de 14 séfiras en su tercer año, sub-plano o día 256. (16x16).

Interesante la analogía que se hace en el libro de ENOCH del 14° plano con sus tres planos incluidos (14.15.16), transcribo.

"1 Observad y ved cómo todos los árboles se secan y cae todo su follaje; excepto catorce árboles cuyo follaje permanece y esperan con todas sus hojas viejas hasta que vengan nuevas tras dos o tres años."

Todo esto y mucho más se puede conseguir, siempre y cuando ames la LUZ y LA VIDA y por consiguiente a tu Creador, tu YO SOY.

En mi propio desarrollo el haber activado la séfira DAAT, el VERBO, me ha facultado para utilizar primero el HAGASE

DIVINO y después los DECRETOS, tanto por medio de la PALABRA HABLADA como por medio de la PALABRA ESCRITA.

- Y es por estos medios por los que podré transmitirles las energías necesarias para que puedan hacer este curso de desarrollo acelerado, por medio del cual alcanzarán la VIDA, tendrán VIDA y la tendrán en abundancia.

Esta transmisión constará básicamente de lo siguiente:

" Activación de flujos energéticos:

De pierna a pierna.

De mano a mano

Trasero-delantero

Cráneo sacral.

"Apertura del canal medular de la columna vertebral (KUNDALINI).

"Activación de la glándula pineal y apertura del canal delantero (DEL PERINEO A LA PINEAL) y de los canales IDA Y PINGALA (polos de opuestos).

Apertura de los canales de los brazos, manos y de las piernas y enseñanza de cómo ir abriendo paulatinamente todos los canales del denominado ARBOL DE LA VIDA.

"Activación de las denominadas chacras ALFA Y OMEGA.

"Anulación total del karma (perdón de los pecados) quedando limpio el denominado LIBRO DE LA VIDA, con la consiguiente regeneración acelerada del genoma.

En caso de crear nuevas causas (pecados) que de hecho se crean, éstos permanecerán muy poco tiempo en el campo áurico, precipitándose al físico casi de un día para otro, a veces instantáneamente, cumpliéndose con esto el famoso axioma de (YO A LOS QUE AMO LOS REPRENDO Y CASTIGO) LO CUAL SE CUMPLE EN MI MISMO CADA VEZ QUE ES NECESARIO y de lo cual pueden dar FE otros hermanos que están haciendo este curso.

Esto se hace así a fin de evitar que se formen aglomeraciones de partículas negativas que una vez absorbidas por el cuerpo físico puedan crear enfermedades o accidentes graves.

SE RECOMIENDA HACER UN SOMERO REPASO DEL DIA CADA NOCHE, a fin de detectar las posibles incorrecciones que hayamos podido cometer durante el día, y pedir perdón al alma del afectado y a Dios. Y si está en nuestra mano al día siguiente directamente al posible afectado. De esta manera las partículas negativas se anulan, a la vez que vamos poco a poco elevando nuestro nivel de conciencia.

- Enseñanza de cómo se han de trabajar los chacras para poder arrastrar al físico los planos áuricos, y el HAGASE para hacerlo directamente.

- Enseñanza de cómo fortalecer el sistema inmunológico.

- Enseñanza de cómo activar las glándulas endocrinas (senderos y séfiras del árbol de la vida) y el HAGASE para hacerlo.

Hacer este proceso de desarrollo acelerado requiere erradicar los malos hábitos tales como EL TABACO, EL ALCOHOL, EL CAFÉ, LAS DROGAS y en general cualquier ingesta de sustancias nocivas para el organismo.

Hay que tener en cuenta que durante el proceso las células del organismo eliminan todas y cada una de las sustancias nocivas que albergan, llegando a reparar los genes defectuosos, lo cual no podría hacerse si estamos envenenando nuestro cuerpo con sustancias perjudiciales para el organismo.

Para los que en la actualidad están sumidos en el tabaco, el alcohol, café, drogas etc., y quieren hacer este proceso y cambiar el rumbo de sus vidas, aunque lo mejor es dejarlo desde ya, también pueden empezar el proceso y seguirlo hasta la terminación del tercer plano, no más. A partir de aquí, sí que ya es imperativo dejar la ingesta de cualquier sustancia nociva, o bien dejar aparcado el proceso hasta que esto se haga.

A partir, como ya he mencionado, de la finalización del tercer plano, los DECRETOS DEJARAN DE SER EFECTIVOS, ya que las consecuencias de seguir con el trabajo de energías y la ingesta de estas sustancias, podría tener consecuencias muy desagradables. HAGASE ASI.

Los medicamentos (Drogas) prescritos por un facultativo no entran en este apartado.

Se acompaña un audio decreto como ayuda para erradicar hábitos perniciosos, conviene escucharlos en tandas de media hora seguida.

No por es aconsejable correr demasiado, conviene darle al cuerpo celular el tiempo preciso, para que se vaya adaptando a las nuevas frecuencias vibracionales, seguir las pautas marcadas es lo más conveniente.

Todo este proceso de desarrollo descrito y transmitido energéticamente, nos lleva a alcanzar la SEXTA RAZA (HOMBRE NUEVO), con lo cual el ser humano ahora Divino alcanzará una longevidad hasta ahora inimaginable y si todas las tradiciones hasta ahora escuchadas sobre el GRIAL, Manantial de la Eterna Juventud etc., etc. son ciertas, tiene en su mano LA INMORTALIDAD FISICA, o cuanto menos una larga vida plena y sana.

Tened presente que las enfermedades se originan o bien por descargas kármicas (partículas cargadas o energías negativas acumuladas en el campo áurico) o bien por activación de genes defectuosos (según LA BIBLIA, los pecados de los padres los pagan los hijos hasta la tercera y cuarta generación) o lo que es lo mismo CODIGO GENETICO HEREDADO.

De pequeño en la escuela recuerdo que recitábamos el CREDO (me educaron en la confesión católica), decíamos CREO EN LA RESURRECCION DE LOS MUERTOS, EL PERDON DE LOS PECADOS, LA VIDA IMPERECEDERA, AMEN. Si preguntabas que significaba, la respuesta era DOGMA DE FE.

Ahora a Dios gracias y a mi propio proceso, SÉ que son los estados que se alcanzan al terminar los siete sub-planos del cuarto, quinto, sexto y séptimo planos.

Y TODO ESTO SE PUEDE REALIZAR EN MUY CORTO ESPACIO DE TIEMPO. AHORA ES EL MOMENTO QUE CADA UNO REFLEXIONE.

INFORMACIÓN DE COMO ARRASTRAR AL FÍSICO LOS PLANOS ÁURICOS POR MEDIO DEL TRABAJO CON LOS CHAKRAS.

OPCIONAL, ya que con este método especial nominativo, no es necesario este trabajo, aunque sí es aconsejable saber trabajar las chacras y meditar sobre ellos.

PARA ARRASTRAR LOS PLANOS DEL CAMPO AURICO AL FISICO:

- Pensad en los chacras como si fueran el biberón de un niño, tienen siete medidas (cada plano áurico tiene siete sub-planos), que hay que incorporar al cuerpo físico. Para ello nos pondremos ambas manos en el chacra, empezando por el primero, manos encima del hueso púbico. Es obvio que hay que hacerlo por delante, repetimos un NOMBRE - Mantra continuamente, nos entra energía por las manos que va elevando el nivel de vibración y hace que la chacra vaya descargando su contenido en el físico. Esto puede durar varias horas. Es conveniente estar como mínimo una hora seguida cada día.

Si después de estar una hora o más no hemos terminado, seguimos al día siguiente en el mismo chacra hasta que acabamos. Se nota porque dejará de fluir la energía por las manos, lo cual nos indica que tendremos que pasar al siguiente chacra, pero nunca el mismo día.

Si tenemos más ganas de seguir trabajándonos, fortaleceremos el sistema inmune, o meditaremos sobre el chacra que acabamos de terminar. Para ello colocaremos las manos de nuevo sobre el chacra y esta vez sin recitar el Mantra- Nombre, le preguntaremos al chacra, qué mensaje o cualidades nos puede trasmitir. Nos quedamos con la mente en blanco. Nos vendrán respuestas-

Una vez acabado el primero, al día siguiente, empezaríamos por el segundo y así sucesivamente hasta llegar al séptimo, momento en que habremos terminado el primer plano. Cuando esto ocurre, notareis que el cuerpo se llena de calor, ya que toda la energía del plano entra al físico y la notareis por toda la piel del cuerpo. Es como si estuvieseis tumbados en la playa, o como cuando se tienen sofocos. HAGASE.

Cada vez que terminéis una sesión de manos, lavároslas con sal y vinagre para limpiar los residuos energéticos que se van adhiriendo-

COMO TRABAJAR CON EL PENDULO.

Hay una energía que emana de la FUENTE misma, esta energía se puede utilizar de la siguiente forma:

Si se coge un péndulo que sea conductor. Esto es, que esté formado de material preferentemente metálico, conductor de energía y o electricidad, podemos canalizar esta energía a nuestro cuerpo. Pero como esta energía es indiferenciada, esto es: no tiene cualidad. Hay que dársela, y esto se hace con la voz, invocando al primer Ser diferenciado, con conciencia propia en esta realidad y este es ABRAXAS. Con lo cual añadiríamos cualidad a dicha energía, pero ¿qué cualidad?, la que necesitemos en cada momento.

Ejemplo:

En Nombre de ABRAXAS (YO SOY LO QUE SOY) Hágase ahora en Mi (o en la persona a sanar, (en cuyo caso primero ha de leer el DECRETO de Anulación del Karma y los de activación de flujos energéticos, o bien oir el audio que se acompaña) *el reequilibrio energético de mi cuerpo*, entonces colocamos el péndulo encima del primer chacra, empezará a rotar, y cuando pare, vamos al siguiente y así hasta el séptimo. Si tenemos que curar algún trastorno físico, orgánico y o celular, hacemos lo mismo pero en vez de decir el reequilibrio energético decimos la curación del órgano tal o de las células o grupos de células que puedan haber enfermas, pero como nunca sabremos cuales son específicamente, mejor hacerlo genérico, esto es, pedir la sanación celular y orgánica de la zona de influencia del citado chacra, y si lo hacemos en todos, todo el cuerpo estará sanado. , Y dependiendo de la gravedad será conveniente repetirlo varias veces el mismo día y/o en días sucesivos.

También podemos decir: *Todos los radicales libres, las Bacterias, Virus y cualquier germen perjudicial para mi salud, o la de quien sea, son erradicados ahora*, y colocamos el péndulo chacra por chacra. Haciéndolo así la energía "coge la cualidad que nosotros pedimos" y actúa en consecuencia. Como en nuestras interacciones con los demás, hasta que no tengamos un desarrollo completo, se producen muchos intercambios energéticos y no siempre buenos, es conveniente hacer esto alguna que otra vez con lo cual nuestro cuerpo energético siempre estará equilibrado, y si el cuerpo energético está equilibrado, el celular también tenderá a equilibrarse, Pero recordad siempre que también tenemos a nuestra disposición muy buenos Sanadores, Terapeutas, Médicos y Hospitales, y medicinas que también son medios a través de los cuales el Amor de Dios actúa.

Añadido, es posible que el péndulo después de rotar, se paré y quede estático, tieso, esto ocurre cuando transmite energías del Logos Planetario, también puede comportarse como un péndulo, esto es va de un extremo a otro, pero por la mano se nota que circula la energía y también se nota que se recibe en la parte correspondiente del cuerpo.

Otras consideraciones y experiencias mías.

Al final del Sexto y durante el Séptimo os entrará la denominada JERUSALEM CELESTIAL, esto es un molde de ENERGIA PURA, que os reestructurará todo el cuerpo, os pondrá los órganos en su sitio, os enderezará la columna y os alineará correctamente las caderas, costillas etc.. Dependiendo de cada cual, puede ser necesario iniciar una severa dieta de adelgazamiento, sobre todo si tenéis problemas estructurales de columna o costillas

Yo particularmente estuve 58 días con una dieta paupérrima de ensalada al medio día y fruta por la noche, y acto seguido 42 días más sin comer absolutamente nada sólido, y volví a comer porque mi madre, cuando se enteró, puso el grito en el cielo, e interiormente HORUS me dijo: come o tu madre se muere del disgusto. Durante éstos 100 días muchas infusiones depurativas y mucho líquido.

Perdí entre 20 y 21 Kg, el objetivo era poder reestructurarme las costillas, columna, esternón, limpiarme los riñones estuve 35 días seguidos orinando arenilla (mi cuerpo nunca ha sido una joya de virtudes, dos operaciones en la mano derecha a los 5 años, y dos operaciones de columna L-5, más un paro cardíaco con su hipertensión correspondiente y tres cólicos nefríticos entre otras cosas dan testimonio de ello), claro que hoy me siento completamente rejuvenecido.

Quiero haceros hincapié en que los chacras son centros de conciencia y que cuanto más los trabajemos todos, más conciencia adquirimos.

- Todas las Almas encarnadas tienen dentro de sí una partícula atómica en estado latente del YO CREADOR DE LA VIDA. Hace tiempo mi DIOS PADRE-MADRE me dijo:

- EL YO CREADOR DE LA VIDA SE PROYECTA A SI MISMO EN LA TIERRA Y NO LA ABANDONA HASTA QUE LA TIERRA Y SUS SATELITES, LOS HOMBRES, ESTAN TOTALMENTE SUTILIZADOS.

Y TAMBIEN - REDENCION, significa:

- LA CHISPA DIVINA DEL PADRE IMPREGNA AL ALMA (HOMBRE), OTORGÁNDOLE LA INMORTALIDAD.

- Algunos significados del título OMNINOMBRE.

- HOMBRE SERPIENTE, HOMBRE TOTAL, TODOS LOS NOMBRES, EL QUE HA UNIDO EN SÍ MISMO EL CIELO Y LA TIERRA, EL QUE TIENE LAS DOS OM. EL DE LAS 16 PRIMAVERAS, EL DE LOS NUEVE VELOS, REGENTE PLANETARIO.

OTRAS CONSIDERACIONES

- DOS Y DOS SON CUATRO, al menos eso me enseñaron en primaria.

- PREGUNTA ¿La llamada Ascensión Humana y Planetaria podrían significar la inmortalidad física en la Tierra?, Las tradiciones orientales hablan de seres humanos con cuerpo físico inmortales.

- CONSIDERACIONES: Apocalipsis 21-22 al 22-25 descripción de la Jerusalén Celestial, que como ya sabemos es un molde de energía pura que se integra en el físico reestructurándolo.....

- Y YO NO VI TEMPLO EN ELLA...

....MOSTROME TAMBIEN UN RIO DE VIDA... (Según la tradición... quien beba del manantial de la eterna juventud vivirá eternamente...).

....EL SEÑOR DIOS LOS ALUMBRARA Y REINARA POR LOS SIGLOS DE LOS SIGLOS...

(Las células empiezan a irradiar energía).

- La partícula atómica del YO CREADOR DE LA VIDA, solo se encuentra en las Almas en encarnación y en forma latente... (Luego una vez activada.....)

- REDENCION SIGNIFICA: La Chispa Divina del PADRE impregna al Alma (Hombre), otorgándole la inmortalidad... (Los seres evolucionados incorpóreos no la tienen, puesto que ya están sutilizados y los Seres Adimensionales tampoco, solo los encarnados, luego.....).

- Apocalipsis 14-18 AHORA BIEN YO ATESTIGUO A TODOS LOS QUE OYEN LAS PALABRAS DE LA PROFECIA DE ESTE LIBRO QUE SI ALGUNO AÑADIERE A ELLAS CUALQUIER COSA, DIOS DESCARGARÁ SOBRE ÉL LAS PLAGAS DESCRITAS EN ESTE LIBRO.

- Al principio de mi proceso leí por casualidad en una revista, que ODIN estuvo nueve días bajo el ÁRBOL DE LA VIDA. Posteriormente cuando comprendí el significado de la palabra "días" (planos áuricos) me di cuenta que se podían hacer nueve planos y dije... "ME LO PIDO".

- Pues bien, todo el contenido del Libro hasta la última coma me ha ocurrido, con la salvedad que yo, al ser educado en la religión católica, esperaba la manifestación del MESIAS de la Biblia, ya que entonces yo desconocía el significado de las palabras "YO SOY EL ALFA Y LA OMEGA, EL PRIMERO Y EL ULTIMO, EL QUE HA DE VENIR, EL TODOPODEROSO".

- Cuando terminé la Iglesia de Filadelfia y me dijo su nombre nuevo... HORUS. La verdad, no me lo esperaba. Me enseñó las nuevas técnicas para terminar el proceso rápidamente, cómo trabajar los chacras, como sacar la información de dentro de mí mismo y que su nombre entre otras cosas significa... EL QUE VIENE DE ARRIBA, o AQUEL QUE VIENE.

Cuando terminé el Séptimo integré a mí Ser SANAT KUMARA, aunque no me reveló su nombre, seguía hablándome HORUS.

Posteriormente haciendo el octavo se me manifestó e integró nuevamente HORUS y trabajando en mi chacra umbilical se me manifestó... I T U M E... (TUM), y he hecho los nueve.

También, hace tiempo, leí que había una profecía que decía que alguien algún día abriría la DECIMA PUERTA.

Cuando estaba haciendo el Séptimo plano, Octubre 2007, (Integración de HORUS como HIJO), me vino a la mente el recuerdo de esa profecía y..... ME LO PIDO.... al instante apareció ante mis ojos como un papel estrecho (parecía el ticket de compra del supermercado).

Estaba totalmente en blanco así que sin pensármelo dos veces anoté mi nombre y el de mi esposa, mi llama gemela, que al igual que yo mismo estaba haciendo este proceso.

Durante una de mis meditaciones matinales, (normalmente

me despierto entre las 5 y las 6 de la mañana y últimamente dedico de 2 a 3 horas a meditar), me ha venido a la mente todo el razonamiento que estoy exponiendo....

ASI QUE VOLVEMOS AL PRINCIPIO....DOS Y DOS....

Esta es solo una meditación mía y un razonamiento que expongo libremente...NO ES DOGMA DE FE... que cada uno saque las conclusiones que crea conveniente... o mejor aún que se pregunte a sí mismo, o si es canalizador, que le pregunte al Ser que canaliza.

Y SI ES CONVENIENTE QUE COMPARTA LA RESPUESTA.

En 1.996 estaba haciendo el segundo plano y me canalizaron que los hombres serian cada vez más longevos, que vivirían MUCHOS, MUCHOS AÑOS y que al fin conseguirían la inmortalidad física.

- Pregunta... ¿es posible que las cosas se hayan acelerado y estemos ante sus puertas?

- Y SI ESTO ES ASI, y si las masas de población a nivel mundial se hacen conscientes de ello.

... ¿QUIÉN QUERRIA IR A LA GUERRA?... MUCHO AMOR PARA TODOS

QUE LA VOLUNTAD, EL AMOR Y LA VERDAD OS GUIEN

OMNINOMBRE. MARZO 2008.

Importante indicarles también que el método aunque básicamente es el mismo, en el transcurso de mi propio camino evolutivo, le he ido añadiendo las novedades que he ido descubriendo, así, también les indico ahora el canal de TV que hemos abierto como soporte adicional al método, así como nuestra Web y grupo en ning, amén de mi propio e-mail, en todos ellos podrán obtener ayudas adicionales, meditaciones de transmisión de energías, entrevistas, grabaciones de audio de descarga gratuita, y escritos míos diversos con mis propias experiencias en mi propio proceso.

http://www.livestream.com/metodopempenides

www.metodopempenides.com

http://es.groups.yahoo.com/group/metodopempenides/

http://metodopempenidesellibrodelavida.ning.com

abraxasjmg@gmail.com

COMO EMPEZAR CON LOS AUDIOS DEL METODO:

Los audios son Nominativos, se activan para el usuario del Libro.

PARA DESCARGA DE AUDIOS ESPECIALES DEL LIBRO:

ENTRAR EN: http://metodopempenides.com/spip/spip. php?article293

PULSAR EN Link Para DESCARGAR uno a uno los ficheros

o Link Para bajarse TODOS los ficheros, -comprimidos

PIDE Usuario poner **metodope-LIB** Clave poner **58inmortal**

Detectados problemas en descargas audios con internet explorer.

Navegadores Google Chrome y Mozilla Firefox funcionan.

www.programas-gratis.net/descargar-bajar/navegadores

Una vez descargados:

OIR O LEER AUDIO DE ANULACIÓN KARMA ESPECIAL NOMINATIVO UNA HORA SEGUIDA LA PRIMERA VEZ.

OIR O LEER AUDIO DE IRRADIACION FUEGO DIAMANTINO UNA SOLA VEZ UNA HORA SEGUIDA, ESTO ANCLA LAS FRECUENCIAS Y SOLO HAS DE HACER LA INVOCACION SIN NECESIDAD DE TENER QUE OIRLO CADA VEZ.

EL DECRETO SOBRE EL TABACO ALCOHOL CAFE Y OTRAS DROGAS, SE OYE CUANTAS VECES SEA NECESARIO.

EL AUDIO DEL EJERCICIO PARA ESTAR EN EL CENTRO

DEL CORAZON, CONVIENE HACERLO HASTA TANTO PODAMOS ESTAR NORMALMENTE EN NUESTRO CENTRO, DESPUES CON NUESTRA SOLA INTENCION ESTAREMOS; UTILIZANDO LA TECNICA DE REMEMORAR Y/O GUANTES CENTRO CORAZON QUE SE INDICAN MAS ADELANTE.

EL AUDIO DE ELIMINACION ARBOL DE LA CIENCIA DEL BIEN Y DEL MAL SE OYE PREFERENTEMENTE 4 VECES AL DIA DURANTE LOS 37 PRIMEROS DIAS, LOS TRES ULTIMOS UNA HORA SEGUIDA, ESTE AUDIO TIENDE A DESACTIVAR LA LLAMADA HORMONA DE LA MUERTE, ESTA TRANSCRITO AL EMPEZAR EL METODO.

LOS AUDIOS DE FLUJOS ENERGETICOS TODOS LOS DIAS, ESTAN TRANSCRITOS AL EMPEZAR EL METODO.

EL AUDIO DE INVOCACION A BABAJI SIRVE PARA SOLICITAR SU ASISTENCIA, EL MANTRA PARA INVOCARLO ES:

BABAJI HARI OM.

SE OYE O RECITA CUANDO LO CREAMOS OPORTUNO.

AUDIO ARBOL DE LA VIDA 10 SEFIRAS SE OYE UNA VEZ ANTES DE EMPEZAR LAS MEDITACIONES, LUEGO SI QUIERES VOLVER A OIRLO A TU ELECCION, ESTA TRANSCRITO EN EL DIA UNO.

LOS DEMAS AUDIOS CONFORME LO CREAS CONVENIENTE.

A CONTINUACION TRANSCRIBO ESTOS AUDIOS PARA PODER LEERLOS SI SE OPTA POR ESTA MODALIDAD.

ELIMINACION KARMA ESPECIAL NOMINATIVO

YO SOY SAMESHING, ABRAXAS, JMG, OMNINOMBRE

YO SOY EL PORTADOR DEL RAYO COSMICO PEMPENIDES.

ESTE DECRETO ES PARA USO EXCLUSIVO DE LA PERSONA A LA QUE SE LO HE ENVIADO CUYO NOMBRE CODIFICO EN LETRAS DE FUEGO EN EL DOCUMENTO DE VOZ. TAMBIEN ES EXTENSIBLE A LAS PERSONAS QUE TRATE COMO TERAPEUTA Y A TODOS LOS SERES VIVOS DE RANGO INFERIOR AL HUMANO (ANIMALES, PLANTAS, MINERALES Y OTROS).

DECRETAMOS AHORA QUE:

TODO LO QUE SIGUE ES DE INMEDIATO CUMPLIMIENTO, QUE ASI SE ESCRIBA AHORA CON LETRAS DE FUEGO EN LOS MUROS DEL DESTINO COSMICO Y ASI SE CUMPLA

Y CONFORME LO DECIMOS OCURRE

DECRETAMOS QUE:

LAS PARTICULAS ATOMICAS CON CARGA NEGATIVA EN TUS CUERPOS SON AHORA LIMPIADAS Y ELEVADAS A LA LUZ.

LOS TAPONES, IMPLANTES, LARVAS ASTRALES, ENTES, DISPOSITIVOS DE CONTROL, DISPOSITIVOS DE LA MATRIZ O CUALQUIER OTRO QUE IMPIDA O LIMITE EL LIBRE FLUJO ENERGETICO Y/O DE LAS CORRIENTES ELECTROMAGNETICAS EN TUS CUERPOS ES ERRADICADO AHORA.

TU GLANDULA PINEAL ES ACTIVADA AHORA.

TU CELULA DE SIGNATURA O DEL AMOR DE DIOS ES ACTIVADA AHORA.

LAS ENCIMAS QUE CONTROLAN LOS TOPES EN TODO TU CUERPO CELULAR SON ACTIVADAS AHORA, REGENERANDO TODO TU ADN Y TODO TU CUERPO CELULAR. EN SU MAYOR ESPLENDOR Y PERFECCION POSIBLES.

TODOS TUS CUERPOS (FISICO, ETERICO, ASTRAL, MENTAL, BUDICO, ATMICO MONADICO Y ADI) SON SANADOS AHORA Y LLEVADOS A SU MAYOR ESPLENDOR.

QUE ASI SE ESCRIBA AHORA CON LETRAS DE FUEGO EN LOS MUROS DEL DESTINO COSMICO Y ASI SE CUMPLA AHORARA, AHORARA AHORARA.

RECOMIENDO OIR ESTA GRABACION ININTERRUMPIDAMENTE DURANTE AL MENOS UNA HORA LA PRIMERA VEZ.

POSTERIORMENTE EN DIAS SUCESIVOS UNA AUDICION TODAS LAS NOCHES ANTES DE ACOSTARSE ES RECOMENDABLE.

YO SOY SAMESHING. ABRAXAS, JMG OMNINOMBRE

IRRADIACION FUEGO DIAMANTINO

DECRETO ESPECIAL NOMINATIVO IRRADIACION FUEGO DIAMANTINO

YO SOY SAMESHING, ABRAXAS JMG, OMNINOMBRE

YO SOY EL PORTADOR DEL RAYO COSMICO PEMPENIDES.

DECRETO AHORA QUE:

TODO LO QUE SIGUE ES DE INMEDIATO CUMPLIMIENTO, QUE ASI SE ESCRIBA AHORA CON LETRAS DE FUEGO Y ASI SE CUMPLA.

ESTE DECRETO SE LEERA/OIRA UNA HORA SEGUIDA LA PRIMERA VEZ PARA ANCLAR LAS FRECUENCIAS, NO SIENDO NECESARIO LEERLO/OIRLO MAS VECES, AUNQUE SE PUEDE HACER.

DESPUES DE LEERLO/OIRLO SE HARA EL LLAMADO, REPITIENDO TRES VECES CUALQUIERA DE MIS NOMBRES, MENTALMENTE O DE VIVA VOZ.

SAMESHING, ABRAXAS, JMG, OMNINOMBRE

SE ESTIRA UN BRAZO AL FRENTE PARA HACER EL CONTACTO CON MI CAMPO ENERGETICO

A PARTIR DE ESTABLECIDO EL CONTACTO PUEDES PEDIR MI ASISTENCIA PARA LO QUE NECESITES, SI TIENES LA VISION ABIERTA PODRAS VERME E INCLUSO OIRME.

PUEDES SOLICITAR IRRADIACION DE ENERGIAS DE CUALQUIER TIPO,

QUE PUEDEN SERVIR PARA REGULAR EL SISTEMA DE CHACRAS, LOS ELEMENTOS EN TUS CUERPOS, LAS POLARIDADES-MASCULINA-FEMENINA, ACTIVACIONES DEL SISTEMA ENDOCRINO INMUNOLÓGICO O CUALQUIER OTRO.

LAS FRECUENCIAS SERAN ACUMULATIVAS DE TAL FORMA QUE LA ELEVACION DE LA VIBRACION CELULAR SERA IN CRESCENDO CONFORME SE VAYA UTILIZANDO.

ESTA ELEVACION DE FRECUENCIAS TAMBIEN SIRVE PARA SANAR CUALQUIER ENFERMEDAD.

CON ESTE AUDIO DECRETO TAMBIEN ME PUEDES INOCAR COMO SHIVA-AVISH, REPITIENDO EL NOMBRE TRES VECES, PARA QUE POR LAS NOCHES SE TE VAYA HACIENDO LA LIMPIEZA DE TODO LO NEGATIVO DEL INSCONSCIENTE, INCLUSO A NIVEL FISICO.

TAMBIEN PARA QUE TE VAYA PONIENDO LAS ENERGIAS A MANERA DE "GUANTES", COMO SE DETALLA MAS ABAJO EN EL METODO.

QUE ASI SE ESCRIBA AHORA CON LETRAS DE FUEGO Y ASI SE CUMPLA.

YO SOY SAMESHING, ABRAXAS JMG, OMNINOMBRE

DECRETO SOBRE EL TABACO ALCOHOL CAFE Y OTRAS DROGAS.

YO SOY LO QUE SOY, SAMESHING, ABRAXAS JMG, OMNINOMBRE

DECRETAMOS AHORA

QUE LOS SINTOMAS DESAGRADABLES EN TU ORGANISMO PRODUCIDOS POR LA ABSTINENCIA DE TABACO, ALCOHOL, CAFE Y OTRAS DROGAS SE REDUZCAN VERTIGINOSAMENTE HASTA SU TOTAL DESAPARICION.

Y CONFORME LO LEES U OYES OCURRE.

QUE ASI SE ESCRIBA AHORA CON LETRAS DE FUEGO Y ASI SE CUMPLA.

EJERCICIO PARA ESTAR EN EL CENTRO DEL CORAZON.

RESPIRANDO PAUSADAMENTE PONER EL DEDO INDICE ENTRE LAS CEJAS, CONCENTRASE EN EL DEDO.

SE SIGUE RESPIRANDO PAUSADAMENTE Y SE DESCIENDE EL DEDO LENTAMENTE HACIA LA PUNTA DE LA NARIZ, LA MENTE SIGUE AL DEDO.

SE SIGUE RESPIRANDO PAUSADAMENTE Y SE DESCIENDE EL DEDO LENTAMENTE HACIA LA PUNTA DE LA BARBILLA, LA MENTE SIGUE AL DEDO

SE SIGUE RESPIRANDO PAUSADAMENTE Y SE DESCIENDE EL DEDO LENTAMENTE HACIA EL HUECO DE LA GARGANTA, LA MENTE SIGUE AL DEDO.

SE SIGUE RESPIRANDO PAUSADAMENTE Y SE DESCIENDE EL DEDO LENTAMENTE HASTA EL FINAL DEL ESTERNON, LA MENTE SIGUE AL DEDO.

NOS QUEDAMOS AHÍ, EN LA PUNTA DEL ESTERNON.

AHORA INSPIRAMOS LENTAMENTE CONTRAYENDO EL ESTERNON HACIA ADENTRO, LOS HOMBROS SE PROYECTAN HACIA ADELANTE.... ESPIRAMOS. LO VOLVEMOS A REPETIR....

INSPIRAMOS LENTAMENTE CONTRAYENDO EL ESTERNON HACIA ADENTRO, LOS HOMBROS SE PROYECTAN HACIA ADELANTE.... ESPIRAMOS

AHORA INSPIRAMOS LENTAMENTE CONTRAYENDO LA COLUMNA VERTEBRAL HACIA ADENTRO, A LA ALTURA DEL CUARTO CHACRA TRASERO, LOS HOMBROS SE PROYECTAN HACIA ATRÁS... ESPIRAMOS

LO VOLVEMOS A REPETIR

INSPIRAMOS LENTAMENTE CONTRAYENDO LA COLUMNA VERTEBRAL HACIA ADENTRO, A LA ALTURA DEL CUARTO CHACRA TRASERO, LOS HOMBROS SE PROYECTAN HACIA ATRÁS... ESPIRAMOS

AHORA INSPIRAMOS LENTAMENTE CONTRAYENDO EL ESTERNON HACIA ADENTRO, JUNTO CON LA ZONA DEL SEXTO CHACRA ENTRE LAS CEJAS, LOS HOMBROS SE PROYECTAN HACIA ADELANTE.... ESPIRAMOS

LO VOLVEMOS A REPETIR

INSPIRAMOS LENTAMENTE CONTRAYENDO EL ESTERNON HACIA ADENTRO, JUNTO CON LA ZONA DEL SEXTO CHACRA ENTRE LAS CEJAS, LOS HOMBROS SE PROYECTAN HACIA ADELANTE.... ESPIRAMOS

AHORA INSPIRAMOS LENTAMENTE CONTRAYENDO LA COLUMNA VERTEBRAL HACIA ADENTRO, A LA ALTURA DEL CUARTO CHACRA TRASERO JUNTO CON EL OCCIPICIO (LA PARTE DE ATRAS DEL SEXTO CHACRA), LOS HOMBROS SE PROYECTAN HACIA ATRÁS... ESPIRAMOS

LO VOLVEMOS A REPETIR

INSPIRAMOSLENTAMENTECONTRAYENDOLACOLUMNA VERTEBRALHACIAADENTRO, ALAALTURADELCUARTO CHACRA TRASERO JUNTO CON EL OCCIPICIO (LA PARTE DE ATRAS DEL SEXTO CHACRA), LOS HOMBROS SE PROYECTAN HACIA ATRÁS...ESPIRAMOS

RESPIRANDO PAUSADAMENTE LLEVAMOS NUEVAMENTE LA ATENCION AL FINAL DEL ESTERNON, NOS QUEDAMOS EN ESA ZONA, RESPIRANDO

PAUSADAMENTE, NOTARAS QUE LOS PENSAMIENTOS CESAN, NOTARAS QUE EMPIEZAS A SENTIR LAS ENERGIAS DEL CUERPO.

AHORA HACEMOS UNA RESPIRACION LENTA HACIA ARRIBA Y NOTAMOS COMO SUBE ENERGIA DEL PECHO HACIA EL SEXTO CHACRA.

LO VOLVEMOS A REPETIR

HACEMOS UNA RESPIRACION LENTA HACIA ARRIBA Y NOTAMOS COMO SUBE ENERGIA DEL PECHO HACIA EL SEXTO CHACRA.

DESDE EL CUARTO CHACRA POR ATRAS CON NUESTRA INTENCION PROYECTAMOS UN RAYO DE ENEREGIA COLUMNA ABAJO Y LO PROYECTAMOS HACIA EL CENTRO DE LA TIERRA.

DESDE EL CUARTO CHACRA POR ATRAS CON NUESTRA INTENCION PROYECTAMOS UN RAYO DE ENERGIA COLUMNA ARRIBA QUE SALE POR LA CORONILLA Y SE PROYECTA HACIA EL COSMOS.

NOS CENTRAMOS EN EL CENTRO DEL PECHO, SEGUIMOS RESPIRANDO PAUSADAMENTE NOTANDO LOS CUATRO PUNTOS CUARTO Y SEXTO CHACRA POR DELANTE Y POR DETRAS ACTIVADOS,

SEGUIMOS RESPIRANDO PAUSADAMENTE, AHORA LOS PENSAMIENTOS VAN CESANDO, SOLO SENTIMOS NUESTRAS ENERGIAS, LA PAZ Y LA TRANQUILIDAD NOS VAN INUNDANDO.

AQUI EN EL CENTRO DEL CORAZON ES DONDE SIEMPRE HAY QUE ESTAR, HABLAR DESDE EL CENTRO DEL CORAZON, DESDE NUESTRO SER, PENSAR DESDE

NUESTRO SER, OBRAR DESDE NUESTRO SER.

RECOMIENDO REPETIR ESTE EJERCICIO VARIAS VECES AL DIA AL PRINCIPIO, LUEGO PAULATINAMENTE IREMOS SINTIENDO QUE CADA VEZ ESTAMOS MAS CONECTADOS CON NUESTRA ESENCIA, Y CON ELLO MAS EN PAZ.

TODOS LOS DECRETOS DEL METODO SE HABRIAN DE LEER U OIR DESDE EL CENTRO CORAZON, CON LOS " GUANTES DE ATRACCION " ACTIVADOS.

POSTERIORMENTE ESTE EJERCICIO LO PODRAN HACER CON LA TECNICA **REMEMORAR**, Y RAPIDAMENTE ESTARÁN EN SU CENTRO DEL CORAZON.

ESPECIAL ENFERMOS GRAVES

MI DESEO ES QUE TU CUERPO CELULAR ERRADIQUE AHORA TODAS LAS ANOMALÍAS Y SE REGENERE VERTIGINOSAMENTE.

VIDEO AUDIO AYUDA ESPIRITUAL PARA LA SANACION DE ENFERMEDADES EN NUESTRO CANAL DE TV.

http://metodopempenides.com/spip/spip.php?article53
http://www.livestream.com/metodopempenides

AUNQUE LOS EFECTOS EN CUANTO A SANACION SON MUY RAPIDOS Y PROFUNDOS, ESTO NO SUPLE DE NINGUNA FORMA A SUS TRATAMIENTOS MEDICOS U HOPITALARIOS, SI ESTAN BAJO TRATAMIENTO SIGAN CON EL HASTA QUE SU SALUD ESTE RESTABLECIDA.

DECRETAMOS AHORA QUE:

TODO TU KARMA O PECADOS INTERNOS Y EXTERNOS SON ANULADOS AHORA Y SU CONSIGUIENTE EFECTO FISICO ERRADICADO.
QUEDA LIMPI@.

TODOS LOS TAPONES, IMPLANTES, LARVAS Y CUALQUIER ENTE O DISPOSITIVO QUE LIMITE EL LIBRE FLUJO ENERGÉTICO A TUS CUERPOS ES ERRADICADO AHORA.

TODOS LOS VIRUS, BACTERIAS Y CUALQUIER GERMEN NOCIVO PARA TU SALUD ES ERRADICADO AHORA.

TODAS LAS CELULAS O GRUPOS DE CELULAS PERJUDICIALES PARA TU SALUD SON SANADAS Y/O ERRADICADAS AHORA SEGÚN MÁS CONVENGA EN ESTE MOMENTO.

TODAS LAS ENCIMAS QUE CONTROLAN LOS TOPES EN TODO TU CUERPO CELULAR SON ERRADICADAS AHORA, Y SUS CORRESPONDIENTES CELULAS SANADAS O ERRADICADAS SEGUN SEA MAS CONVENIENTE PARA EL CONJUNTO DEL ORGANISMO AHORA.

TU MEDULA ESPINAL ES EQUILIBRADA Y LLEVADA A UN ESTADO DE SALUD PLENA AHORA.

HACIENDO ESPECIAL INCAPIE EN LA REGENERACION VERTIGINOSA Y ACELERADA DE TODO EL SISTEMA NERVIOSO QUE ARRANCA DE LA COLUMNA VERTEBRAL.

TODO TU CUERPO CELULAR ES REGENERADO AHORA VERTIGINOSAMENTE Y TU BIENESTAR Y SALUD FISICA RESTABLECIDA.

TODOS LOS FLUJOS ENERGÉTICOS DE TU CUERPO FÍSICO SON ACTIVADOS AHORA,

DE PIERNA A PIERNA, (siente como sube la energía por la pierna izquierda, o derecha, asciende por el lateral del cuerpo llega a la cabeza y desciende por el otro lateral hasta el pie). SI NO LO NOTAS SUFICIENTE, hazlo de nuevo HASTA TRES VECES.

DE MANO A MANO, (siente como fluye la energía desde tu mano izquierda o derecha, sube por el brazo hasta el hombro, cruza el pecho hasta el otro hombro y baja por el otro brazo hasta la mano (LA ENERGIA SE PUEDE SENTIR COMO CALOR, FRIO O VIBRACION).

TRASERO-DELANTERO (sube desde los glúteos por toda la espalda hasta la cabeza y desciende por la parte delantera hasta el perineo, volviendo a subir por la espalda y así sucesivamente.

DECRETMOS AMBIEN, la activación del soplo primario de vida, fascias superficiales y profundas, flujos energéticos del cuerpo y/o de la denominada "terapia CRANEO SACRAL".

TAMBIEN DECRETAMOS QUE TODA TU ESTRUCTURA ÓSEA SEA LLEVADA AHORA A LA FORTALEZA Y FLEXIBILIDAD ÓPTIMAS, CON ESPECIAL INCAPIÉ EN TU COLUMNA VERTEBRAL.

TAMBIEN TUS ARTICULACIONES Y SISTEMA NERVIOSO Y LOCOMOTRIZ SON AHORA SANADOS Y REESTABLECIDOS EN FORMA OPTIMA.

TODOS TUS SISTEMAS INMUNOLÓGICO, LIMBICO, LINFÁTICO, ENDOCRINO, NEUROLOGICO ETC. ETC., SON ACTIVADOS VERTIGINOSAMENTE AHORA Y LLEVAMOS

Λ UN ESTADO OPTIMO Y EQUILIBRADO, ACORDE CON UN CUERPO FUERTE FLEXIBLE Y SANO.

QUE ASI SE ESCRIBA AHORA CON LETRAS DE FUEGO Y ASI SE CUMPLA.

Recomendación   tumbarse en la cama y abrigarse bien durante 30 minutos, pasados los cuales, escuchar o leer 1ª INICIACION, entre 2 o 3 horas después escuchar o volver a leer 1ª iniciación y limpieza profunda más audio eliminación karma.

Esto mismo se puede repetir cada día hasta haber alcanzado un estado DE SALUD aceptable.

LIMPIEZA PROFUNDA.
06.02.2009

Conveniente antes de empezar, leer o escuchar audio del ejercicio para estar en el centro corazón. Ver índice - EJERCICIO PARA ESTAR EN EL CENTRO DEL CORAZON.

YO SOY, SAMESHING, ABRAXAS, OMNINOMBRE

Primero respiramos hondo, soltamos, respiramos hondo, soltamos, respiramos hondo, soltamos.

DECRETAMOS AHORA QUE,

Todo tu Karma negativo es anulado ahora, queda limpio.

DECRETAMOS TAMBIEN que se abra la cámara secreta del corazón unificándose vuestras energías masculinas y femeninas, positivas-negativa, los llamados polos de opuestos.

DECRETAMOS TAMBIEN AHORA la limpieza de todo tu cuerpo, siéntelo, siente como baja una gran aspiradora, se sitúa primero en el pecho abarcándolo todo, pulmones, corazón, timo.

Siéntela ahora, está ocurriendo, siente como chupa y extrae todas las energías estancadas de tu cuerpo, en tus células, chupa capas oscuras y salen de tu cuerpo, chupa escudos de protección energéticos que nosotros mismos nos hemos puesto y salen, chupa cuerdas anclajes tapones, puñales energéticos, flechas, clavos, todo tipo de dispositivos de control y larvas energéticas que impidan el buen funcionamiento de nuestro cuerpo, chupa y chupa y chupa, dejándolo todo **limpio, limpio, limpio**.

Se coloca ahora otra gran aspiradora en nuestra espalda

43

y hace lo mismo, chupa, chupa y chupa todo lo estancado, chupa los escudos de protección que cada uno se ha colocado a sí mismo, en esta vida, en otras, chupa los anclajes, larvas energéticas, dispositivos de control, tapones, chupa los puñales energéticos, flechas, clavos, chupa y chupa y chupa, dejándolo todo **limpio, limpio, limpio.**

Ahora se desplazan los dispositivos hacia abajo englobando toda la zona del plexo solar, hígado, páncreas, estomago, bazo, riñones, y hacen la misma operación, chupan, todo lo negativo acumulado, lo van **sacando, sacando, sacando.**

Escudos, stress, disgustos, emociones negativas, miedos, rencores, odios consientes o inconscientes hacia los demás, hacia uno mismo, peleas dejadez, envidias, todo lo van sacando, todo lo van sacando, todo lo van sacando, y **chupan y chupan y chupan**.

Chupan por delante, chupan por detrás, chupan y siguen chupando todas las capas perjudiciales para nuestra salud que ahí hay, todas las capas de negatividad, **todas salen fuera, chupadas, chupadas, chupadas**, ropajes antiguos, anclajes antiguos con otros seres, ya no los necesitamos y los dejamos salir, **limpiándonos, limpiándonos, limpiándonos**.

Bajan ahora las aspiradoras por delante por detrás abarcando la zona del ombligo, intestinos, segundo chacra, gónadas, matriz.

Ocurre la misma operación, **chupan, chupan, chupan**, todo va saliendo fuera de nuestro cuerpo, todo el dolor acumulado, todos los disgustos con la pareja, novios, maridos, en esta vida en infinidad de vidas, todo el daño que nos han hecho emocionalmente, físicamente, todas las veces que nos hemos sentido violados, tanto física como emocionalmente, manipulados, reprendidos, todo va saliendo, todo va saliendo, todo va saliendo, **saliendo, saliendo, saliendo**.

Todos nuestros anhelos no satisfechos, toda la separatividad que hemos sentido al encontrarnos perdidos, todo el anhelo de unirnos con nuestro Ser, y que está ahí acumulado, todo va saliendo, todo va saliendo, todo va saliendo, los anclajes, escudos, puñales, todo sale ahora, todo sale todo sale, todo es chupado ahora, **chupado, chupado, chupado**.

Siguen bajando las aspiradoras abarcando la zona del pubis, perineo, piernas, por delante, por detrás, y vuelve a repetirse la misma operación, **chupan, chupan, chupan**, todos nuestro recuerdos negativos salen fuera, nuestras iras acumuladas, todos los anclajes, todos los contratos mal hechos por nosotros mismos en el pasado, todas las peleas, todas las batallas que hemos librado en esta vida y en muchas otras, todo sale fuera y es chupado ahora, **chupado, chupado, chupado**.

Suben ahora las aspiradoras a la zona del cuello, empiezan a chupar, tapones energéticos en las vértebras cervicales, capas de energías de represión por no haber podido decir nuestra verdad, todas las veces que nos hemos tenido que callar, mordernos la lengua, todas las veces que nos han dicho **cállate niño**.

Cuando los mayores hablan los niños se callan, todas las veces que nos han reprendido en la escuela, en nuestro trabajo nuestros jefes, nuestros maridos nuestras mujeres, nuestros hijos también, todo está ahí acumulado y todo sale fuera ahora, todo es **chupado, chupado, chupado,** incluso tapones energéticos de protección que nos hemos puestos nosotros mismos, también son liberados ahora y chupados, **chupados, chupados, chupados**.

Ahora ascendemos a la zona de la cara frente al cogote, todos los pensamientos acumulados negativos, que hemos emitido de forma consciente o inconsciente, son chupados ahora también, todos los miedos acumulados de tantas vidas, miedo a que nos maten, miedo a pasar hambre, a morir de hambre, frío, sed, miedo a vivir en la indigencia, a no tener un techo donde vivir, miedo y miedo y miedo, **¡¡¡todo sale fuera!!!** Todo es **chupado, chupado, chupado.**

Miedos por nuestra carrera, por nuestro trabajo, por nuestros maridos esposas, padres, madres, hijos, familia, amigos, **MIEDO, MIEDO, MIEDO**, miedo que inmoviliza, miedo que enferma, **TODO SALE FUERA AHORA, TODO ES CHUPADO, SIENTE COMO SALE TODO FUERA**, parece que nos vamos a quedar con el cerebro vacío.

Hay una conexión que se forma ahora con la glándula amígdala, esa glándula retiene los miedos emocionales y psíquicos reales o imaginarios, **también se limpia ahora**, todo es chupado y sale fuera, **¡¡¡Queda limpia, limpia, limpia y brillante, brillante, brillante!!!**

Vamos ahora a la tapa del cráneo, todo lo negativo acumulado en nuestro cortex cerebral, **también es chupado ahora**, todas las veces que no hemos sabido perdonar y esta acumulado ahí, **también es chupado y sales fuera ahora.**

Todas las veces que no hemos tenido compasión ni clemencia por los demás, por nosotros mismos, **también son chupadas ahora**, todas las veces que no hemos ayudado a quien nos lo han pedido, todo lo negativo que nos ha hecho volvernos huraños, avaros, todo ello es chupado también ahora, **chupado, chupado, chupado**.

¡¡¡Todos los anclajes fuera también!!! Todo el pelo que se nos ha caído, todos los capilares cerrados, toda la negatividad acumulada en nuestra tapa del cráneo, en nuestro cuero cabelludo, también sale fuera ahora, todos los velos, y pensamientos que nos separan de nuestro SER, quien nosotros en realidad somos que están ahí, **chupados también ahora, chupados, chupados, chupados y salen fuera.**

Y se abre un canal entero desde el perineo hasta nuestra fontanela atravesando todo nuestro cuerpo, y nutriéndolo todo de luz, de LUZ VIVA, Y NOTAMOS COMO TODO NUESTRO CUERPO se llena de esa LUZ VIVA que se expande por todas partes llenando todas nuestra células, notamos como nuestra vibración celular se eleva, **se eleva, se eleva, se eleva**.

Todas las células vibran ahora, **todas vibran, todas vibran, todas vibran** y nos seguimos llenando de esa LUZ VIVA, vivificadora, por todos lados, por arriba por debajo por delante por detrás, **por todos lados, por todos lados, por todos lados**.

También ahora. Nos perdonamos a nosotros mismos, por ser los co-creadores de nuestra realidad en este mundo tridimensional, una realidad que nos había llevado a la separatividad con nuestro REAL SER, una realidad co-creada por nosotros mismos que nos ha llevado a la enfermedad al sufrimiento, **NOS PERDONAMOS POR ELLO, NOS PERDONAMOS POR ELLO, NOS PERDONAMOS POR ELLO**, y también **perdonamos** a todos los Seres que han contribuido a que esta realidad se manifieste que han sido también co-creadores de nuestra realidad, **los perdonamos, los perdonamos, los perdonamos**.

Y no sentimos **libres, libres, libres** y **sanados**, con un nuevo horizonte a nuestro alcance, un horizonte donde ya la enfermedad, el sufrimiento, la separatividad, no tienen razón de ser, pues nos hacemos el propósito de vivir a partir de ahora **fuera de los polos de opuestos**.

Nos hacemos el propósito de vivir en el **AMOR UNIFICADO**, Nos hacemos el propósito de regenerar todos nuestros genes, nos hacemos el propósito de alcanzar **EL GRIAL**, nos hacemos el propósito de alcanzar **EL MANANTIAL DE LA ETERNA JUVENTUD** también, sabemos que está ahora al alcance de la mano, **al alcance de nuestra mano**.

Nos hacemos el propósito de **ascender** junto con nuestro planeta a la **nueva dimensión** y vivir en la felicidad y la armonía, en el **AMOR UNIFICADO**, en nuestra **NUEVA TIERRA**.

QUE ASI SE ESCRIBA AHORA EN LETRAS DE FUEGO Y ASI SE CUMPLA.

Respira, respira hondo, sigue llenándote de LUZ VIVA, DE VIDA, DE AMOR, DE PAZ, **llénate**, respira hondo y suelta lentamente, o suelta fuerte como más lo necesites en este momento, AAAAA, inspira una vez más y suelta.

Ahora, céntrate en tu corazón, céntrate en tu Ser, establece ya la comunicación con la parte interior de ti mismo, con tu sabiduría interna, con el maestro interno que tú eres, con el AMOR unificado que mora en tu corazón.

Mientras lo haces, LA LUZ Y LA VIDA sigue entrando en tu cuerpo, **sigue entrando, sigue entrando, sigue entrando**.

MEDITACION DECRETO

13.02.2009

ANULACION CONEXION MATRIX, MÁS PROGRAMA DE SANACION.

YO SOY SANANDA KUMARA también conocido por SAMESHING, UN SER MULTIDIMENSIONAL.

DECRETAMOS AHORA QUE: **Todo el Karma negativo producto de las múltiples vidas de evolución a través de la Dualidad es ahora anulado. QUEDA LIMPIO.**

Que así se escriba ahora con letras de fuego y así se cumpla.

Empezamos, sentados, piernas abiertas apoyadas en el suelo, columna recta, barbilla algo hacia abajo, inspiramos lentamente, nos llenamos, espiramos, volvemos a inspirar lentamente, nos llenamos, espiramos, lo volvemos a repetir, inspiramos espiramos.

Llevamos nuestra vista interna al centro del pecho, seguimos desde allí respirando pausadamente.
Invocamos a todas nuestras partes Multidimensionales y a todos los Seres de Luz que nos quieran asistir en este trabajo.
Abrimos un poco las manos y notamos que nos agarran, en realidad estamos formando un gran corro de personas con las manos enlazadas, todas las que están ahora presentes, todas las que lo harán en futuras audiciones, **siempre en el presente continuo..**

Seguimos inspirando y soltando, fluyendo a través de nuestro corazón, conectados totalmente en nuestro corazón, fluyendo, fluyendo, fluyendo.

Empezamos a vernos unos a otros, al de nuestra derecha, al de la izquierda a los que están enfrente en el círculo que hemos formado.

Alrededor nuestro también formando un círculo están todos los Seres que hemos invocado más otros que graciosamente han acudido a asistirnos.

Inspiramos y soltamos y Fluimos y Fluimos y Fluimos.

Ahora vemos que desciende una gran burbuja que nos envuelve, nos vemos dentro de ella. Está llena de Luz VIVA, Energía Vibracional del más alto nivel que nuestro cuerpo puede soportar, y vibramos con ella, vibramos.

Inspiramos y espiramos, inspiramos y espiramos.

Ahora ocurre algo inusual, la gran burbuja empieza a contraerse, a contraerse a contraerse, haciéndose más pequeña, más pequeña más pequeña, empujándonos unos junto a otros, apelotonándonos.

Y se sigue reduciendo y nosotros vamos REDUCIÉNDONOS CON ELLA...

Y la burbuja sigue haciéndose más pequeña, más pequeña, más pequeña, ahora parece una pelota y nosotros estamos dentro de ella.

Sigue reduciendo su tamaño hasta llegar a convertirse en una partícula, y nosotros en ella, somos esa partícula, y aunque seguimos teniendo nuestra propia conciencia, somos UNO.

Inspiramos y soltamos y Fluimos y Fluimos y Fluimos.

Ahora

YO SAMESHING y en cumplimiento de las directrices que he recibido.

DECRETO AHORA, la separación de la Matrix en todos los que participen en esta meditación ahora o posteriormente.

Automáticamente vemos que empiezan a aparecer personas afines a este decreto, se nos acercan y se funden también con nosotros, los Devas, Ángeles Custodios y Seres de Luz Servidores del Verbo que estaban con nosotros también empiezan a fundirse en la Unicidad de la partícula, desde donde empiezan ya a regenerar y reconectar en cumplimiento del Decreto.

Y siguen llegando y siguen llegando y siguen llegando.

Ahora también empiezan a aparecer otro tipo de personas, son personas que todavía no son conscientes de querer unirse a la Nueva Tierra, incluso desconocen lo que puede ser, no saben lo que es el AMOR UNIFICADO, ni la reconexión de las hebras de ADN, no saben nada de la MATRIX, de la dualidad, del miedo que genera el estar conectado a ella, pero sus Seres Álmicos les empujan aquí.

Ahora procedo a cortar con MI ESPADA DE FUEGO VIVO, el cordón de Unión con la citada Matrix por debajo de las piernas, por debajo de la partícula, corto y libero, corto y libero, corto y libero, lo corto totalmente.

Este acto de separación de la Matrix y quemado de residuos y sanación posterior es extensible para todas las personas de la Tierra que sean susceptibles de que se les haga, tengan conocimiento de ello o no.

Que así se escriba ahora con letras de fuego y así se cumpla.

Ahora procedemos a quemar con Fuego Vivo los residuos del cordón que se encuentran en el cuerpo físico.

Empezamos por la planta de los pies, quemamos todos los residuos y subimos a los tobillos, quemamos vamos sintiendo el calor cada vez más intenso seguimos quemando hasta las rodillas, más calor aquí, quemamos, quemamos, quemamos, todos y cada unos de los residuos de miedo, y separatividad, de dualidad.

Seguimos quemando y ascendiendo hasta el perineo, hasta la rabadilla, ahora ascendemos por la columna por dentro y alrededor de ella, quemando y quemando y quemando, vamos ascendiendo hasta que llegamos a la altura del corazón.

Ahí en el chacra cardiaco el calor ya es intenso, empezamos a quemar hacia dentro, donde está el anclaje de la Matrix, quemamos y quemamos, seguimos profundizando adentro del tórax, allí se divisa el Anclaje, tiene 12 ramificaciones y una parte central, empezamos a quemar las ramificaciones una a una, quemamos, quemamos, quemamos, cada vez más calor, más calor, al fin llegamos a la parte central a la cabeza del anclaje, empezamos también a quemarla.

Más potencia de Fuego, más potencia, ahora ya se ve que empieza a derretirse a fundirse, ya arde, ya arde, por fin desaparece, seguimos quemando alrededor toda la zona, también una conexión que asciende hasta la pineal a manera de cable, tiramos de ella, se desprende y la quemamos, la quemamos.

Hemos limpiado todo el espacio, al fondo, vemos como una especie de cámara acorazada, nos dirigimos a la puerta, concentramos el fuego en un punto, quemamos, quemamos, hacemos un boquete, metemos la mano y abrimos por dentro, la puerta se abre, lenta, pesada, al hacerlo, las paredes se derrumban por si solas, las quemamos rápidamente, también la puerta se cae, también la quemamos fácilmente.

Ahora vamos al fondo y empezamos a quemar también la zona del pecho, quemamos y quemamos hasta que se abre.

Ahora, sí, todos los residuos han sido quemados.

Y nos abrimos al AMOR UNIFICADO, fuera de la dualidad de la MATRIX.

Respiramos hondo y nos llenamos de la esencia de la partícula, nos llenamos de LUZ VIVA, todo en nuestro cuerpo celular se llena de LUZ VIVA, los huecos también, nos llenamos, con cada respiración integramos más y más LUZ VIVA, MÁS Y MÁS.

Ahora ya llenos, la burbuja empieza a expandirse y nosotros con ella.

Seguimos cogidos de las manos formando un círculo, los Seres de Luz que nos acompañan están detrás nuestro formando otro, todos dentro de la burbuja.

Ahora procedemos con la ayuda de los Seres de Luz que nos acompañan a colocarnos unos cristales etéricos de 12 puntas, especialmente diseñados para la sanación y regeneración celular.

Notáis ahora como se van colocando,

2 en los tobillos, 2 en las rodillas, 2 en las muñecas, 2 en los codos, 2 en los hombros, y uno en cada uno de las 7 chacras, en total 17 cristales.

Terminada la colocación, estos se integran en su zona y empiezan a irradiar su energía de sanación por toda su zona de influencia.

Este proceso durará entre 6 y 10 días dependiendo de la persona.

También a algunos de Vds., es posible que haya que efectuarle sanaciones suplementarias, si es así se efectuarán de noche, mientras duermen, o bien si lo quieren recibir conscientemente, pónganse tumbados en relajación y pidiéndolo en ese momento se les efectuará, preferible se tapen.

Ahora extiendan las manos hacia adelante, y nuestro Amado Mikael les entrega una espada de fuego vivo, cójanla, es suya.

Que así se escriba ahora con letras de fuego y así se cumpla.

Ahora damos las gracias, a todos los Seres que tan gentilmente nos han acompañado y ayudado en este trabajo.

La burbuja asciende, y poco a poco, vamos moviéndonos y abriendo los ojos.

Les abro mi corazón y les envío mi AMOR UNIFICADO

YO SOY SAMESHING

Es todo, desde Artes Barcelona, España.

YO SOY LO QUE SOY también conocido por SAMESHING que junto con NOS, NOSOTROS, TODOS, componemos la totalidad de nuestro Ser Multidimensional Unificado **ABRAXAS, OMNINOMBRE.**

DECRETAMOS AHORA QUE:

Todo el Karma negativo producto de las múltiples vidas de evolución a través de la Dualidad es ahora **anulado**. QUEDA LIMPIO, QUEDA SANADO.

Tu célula del Amor de Dios dentro de tu **glándula pineal** es ahora SANADA, REGENERADA Y ACTIVADA.

Por consiguiente la producción de encimas que controlan los topes en las cadenas de ADN, también es activada ahora, paralizando el envejecimiento celular.

Aunque este decreto es efectivo desde ahora, su mayor poder de realización se alcanza a partir de que la persona que lo recibe ha realizado la **sexta iniciación**.

En el bien entendido que se ha de estar libre del consumo de sustancias perjudiciales para el desarrollo, como ALCOHOL, TABACO, CAFE y otras DROGAS.

QUE ASI SE ESCRIBA AHORA CON LETRAS DE FUEGO

Y ASI SE CUMPLA.

Si se has hecho una idea general de todo, podemos pasar a la práctica del método,

LA ERRADICACION DEL ARBOL DE LA CIENCIA DEL BIEN Y DEL MAL EN 40 DIAS. LA INMORTALIDAD AL ALCANCE DE LA MANO.

En este sistema día a día es aconsejable leer los decretos y/o escuchar los que están grabados, bien a través de los audios que se acompañan, bien a través de los videos, todo ello se encuentra en internet en los siguientes links.

Iniciaciones Videos:

http://metodopempenides.com/spip/spip.php?article14

Y siguientes

También pueden encontrar los de Libre descarga en:
www.metodopempenidesellibrodelavida.ning.com
Audio ayuda espiritual contra el TABACO, ALCOHOL, CAFÉ y otras DROGAS se acompaña.
También hay otro de libre descarga en nuestro grupo ning Indicado más arriba.

Recomiendo hacer varias veces el apartado activaciones varias, es importante activar cuanto antes la telepatía, clariaudiencia, intuición, clarividencia, se acompañan audios y también se encuentran en el siguiente link

http://www.metodopempenides.com/spip/spip.php?rubrique29

También se encuentran por escrito en este libro...

55

ANTES DE EMPEZAR REPIRAR HONDO VARIAS VECES, RELAJARSE, PROCURAR NO SER MOLESTADO NI INTERRUMPIDO. DECRETAMOS AHORA. Todos tus pecados registrados interna y externamente son perdonados, y el consiguiente karma anulado totalmente. QUEDA LIMPIO. QUEDA SANADO.

Es mi deseo que todos tus genes se regeneren en la perfección óptima.

Esto sólo ocurrirá si se está libre del consumo de sustancias como TABACO, ALCOHOL, CAFE, u otras DROGAS.

En este caso la anulación del Karma, sólo será efectiva en lo que se refiere a las partículas atómicas negativas, depositadas en el campo áurico.

DECRETAMOS AHORA. Todo el cuerpo es puesto entre "algodones" mientras dura el proceso de desarrollo hasta la 14ª dimensión inclusive.

DECRETAMOS AHORA. Tapones, implantes, larvas astrales, entes, dispositivos de control, dispositivos de la Matrix o cualquier otro que impida o limite la entrada de energías en sus cuerpos son retirados AHORA.

La activación de los **flujos energéticos** que detallo conviene **hacerlas cada día, después de unos días también se puede utilizar la técnica REMEMORAR, diciendo, REMEMORAR FLUJOS ENERGÉTICOS, notarán como se activan rápidamente, ésta técnica se puede utilizar en todos los trabajos energéticos.**

DECRETAMOS AHORA la activación de flujos energéticos, si se es hombre normalmente se recibe la energía por la parte izquierda, si mujer por la derecha:

Todo lo que sigue es de inmediato cumplimento, que así se escriba ahora con Letras de Fuego en los Muros del Destino Cósmico y así se cumpla,

El karma negativo o pecados internos y externos queda ahora anulado y su consiguiente efecto físico emocional y mental erradicado.

Empezamos: Las energías entran a los hombres por la pierna y mano izquierda a las mujeres por la derecha.

PRIMER FLUJO DE PIERNA A PIERNA. Este flujo hace un recorrido por el lateral del cuerpo subiendo hasta la cabeza y desciende por el otro lateral.

Piernas en el suelo, espalda recta inspiramos lentamente, soltamos volvemos a inspirar, soltamos.

DECRETO SU ACTIVACION.

Apoya el interior de la pierna derecha o izquierda lo que es el dedo gordo y parte interna del talón según corresponda y levanta el exterior tensando los músculos de la pierna, halando la energía hacia arriba por el exterior de la pierna, automáticamente se siente como empieza a subir la energía por el lateral exterior de la pierna, y va subiendo, subiendo y sigue subiendo por el lateral, mantenemos la tensión, jalando hacia arriba, mientras sigue subiendo, llega lentamente hasta la cadera, seguimos halando hacia arriba y sigue subiendo, ahora llega hasta los hombros, cuello, cabeza, cruza la cabeza y empieza a bajar por el otro lateral,

Seguimos halando hacia arriba, mientras la energía desciende por el otro lateral del cuerpo, seguimos halando, sigue subiendo y descendiendo, llega a las caderas, a los muslos, rodillas, sigue subiendo y bajando por la pierna contraria hasta la planta del pie, aquí el ejercicio ha terminado, pero vamos a seguir halando hacia arriba mientras la pierna contraria se va llenando de energía, vamos a mantener la tensión un poco más para que el canal se quede bien abierto, mientras nos llenamos más y más de energías, yendo en su recorrido de una pierna a la otra y al pasar por la cabeza pueden sentir también como el chacra corona se activa, lo importante es mantener esta tensión para que el canal se quede lo más abierto posible.

Y ahora vamos a hacer una nueva salvedad, ahora vamos a halar la energía por los laterales de las dos piernas al mismo tiempo, así levantamos el lateral de la otra pierna hacia arriba, y mantenemos la tensión, mientras suben, suben, suben y claro ahora la energía llega a la cabeza y no desciende, se queda ahí.

Seguimos halando la energía hacia arriba, hacia arriba, y empieza a activarse con fuerza el séptimo chacras, y conforme seguimos halando hacia arriba, se sigue activando el séptimo chacra. Respiramos pausadamente, mientras mantenemos la tensión, halando hacia arriba, y ahora vamos a halar la energías también hacia abajo desde el séptimo chacra a través de la fontanela, hacia adentro de la cabeza, inspiramos profundamente mientras la halamos hacia abajo, descendiendo las energías hacia abajo, y en su descenso van activando la pineal, las pituitarias, las tiroides y paratiroides en el cuello, el timo en el pecho, sigue para abajo activando el cuarto chacra, para abajo hasta el tercero activándolo, para abajo hasta el segundo, el primero activándolos.

Seguimos manteniendo la tensión por las piernas hacia arriba y seguimos halando para abajo por el canal central, y ahora la energía sigue hacia abajo por el interior de las piernas, hacia abajo, hacia abajo, hasta que llega a la parte interna del pié, la que tenemos apoyada en el suelo, seguimos halando hacia arriba por la parte externa y hacia abajo por la interna.

Ahora la energía se reparte por la parte central del pié y desde allí, la proyectamos hacia los 24 chacras por debajo de nuestras piernas y desde allí hacia el chacra conexión con Tierra situado más abajo y desde allí hacia nuestra Amada GAIA. AHORARA. Mantenemos un poco más la tensión, mantenemos un poco más la tensión y soltamos, apoyamos ya ambas piernas en el suelo totalmente, respiramos, respiramos y relajamos, respiramos y relajamos un poco.

Ahora hacemos lo mismo pero por las manos, de una mano a otra, para ello, dejamos las manos caer al costado del cuerpo y levantamos hacia arriba estirando un poco desde el codo, la mano izquierda en hombres y derecha en mujeres, de tal forma que los dedos queden hacia arriba, y halamos hacia adentro la energía haciendo tensión por la muñeca y músculos del brazo.

La energía empieza entrar por el chacra de la mano y a subir por el brazo hacia arriba hacia arriba, mantenemos la tensión, sigue subiendo, llega al hombro, atraviesa el pecho hasta el otro hombro y empieza a descender por el otro brazo hasta la mano, seguimos con la tensión halando la energía mientras vamos notando como llega hasta la otra mano, y mantenemos todavía la tensión para que el canal se quede bien abierto, mientras seguimos respirando lenta y profundamente. Notamos cada vez las palmas de las manos más activas, con las chacras de las manos más abiertas, seguimos manteniendo la tensión y se sigue activando más y más la chacra de la mano opuesta, y vamos a hacer lo mismo que antes con las piernas. Vamos a halar también por la otra manos simultáneamente con fuerza hacia arriba, y la energía ahora al entrar se junta en medio de los hombros, justo en la parte central debajo del cuello, y desde allí se proyecta hacia arriba hacia la pineal activándola y hacia abajo hacia el centro cardíaco activándolo y hacia más abajo hacia el tercero, segundo primero, activándolos todos también. Mantenemos la tensión un poco más, halamos un poco más, un poco más un poco más... Soltamos, inspiramos profundamente y relajamos un poco.

Ahora vamos a activar el Flujo Trasero delantero, esto es una rotación de energías, entran por la parte de atrás del cuerpo llegan a la cabeza y bajan por la parte delantera.

Para ello apoyamos los dedos de los pies en el suelo y levantamos los talones como si tuviésemos unos zapatos de tacón alto, muy alto, tensionamos nuevamente los músculos de las piernas y halamos la energía hacia arriba por la parte de atrás de las piernas, va subiendo lentamente mientras mantenemos la tensión, va subiendo, va subiendo hacia arriba, hacia arriba, hasta que llega a los glúteos, y sigue subiendo hacia arriba por la espalda lentamente, seguimos con la tensión halando hacia arriba, dedos apoyados en el suelo talones arriba.

Sube la energía por la espalda, sube hasta llegar al cuello, sigue hasta la cabeza atraviesa la cabeza y por la parte delantera empieza a descender hacia abajo, hacia abajo, va descendiendo lentamente por el cuello, por el pecho, por el plexo, hasta llegar a las piernas y por delante sigue descendiendo hacia abajo hacia abajo, hacia abajo, hacia abajo. Hasta llegar a los dedos de los pies.

Seguimos con la tensión halando, halando, halando, cada vez con los canales más fuertes más abiertos, sigue subiendo por atrás y bajando por delante, como una rueda, mantenemos un poco más la tensión un poco más un poco más, un poco más....soltamos, respiramos lentamente hondo.

Seguimos con la segunda grabación, o lectura de los flujos energéticos.

El siguiente flujo energético es la activación del llamado Soplo Primario de Vida.

Por este Soplo Primario de Vida circula la energía electromagnética de nuestro cuerpo físico, es lo que también se denominan las Fascias superficiales y profundas.

Las Fascias superficiales son las películas que recubren los músculos, los órganos, están debajo de la piel por todo el cuerpo, están en las uniones de los huesos de la cabeza, del sacro etc. Las profundas son las vetas que se adentran en los órganos y los músculos, también están dentro de los huesos.

Si alguna vez han visto las piezas de carne habrán visto que tienen esas películas, y esas vetas internas. Pues bien por ahí circula la energía de nuestro cuerpo.

Es muy importante su activación porque con los años, con las operaciones, los golpes, enfermedades etc., se van deteriorando con lo cual la energía no fluye correctamente, eso va provocando cada vez más que los órganos, los músculos, el corazón, el cerebro, no estén bien nutridos de energía, con lo cual su rendimiento baja considerablemente.

Por lo tanto para activarlas DECRETO AHORA, la activación del SOPLO PRIMARIO DE VIDA, Fascias Superficiales y Profundas.

Y esto se nota por todo el cuerpo, debajo de la piel, inspiren lentamente y siéntanlo en la cabeza entre los huesos del cráneo, en el sacro, en las plantas de los pies e incluso dentro de los huesos.

Se nota como fluye la energía por las plantas de los pies, como también asciende por las piernas activándose cada vez más, activándose, activándose, activándose. Más potencia de activación AHORARA.

Bien ahora paramos, movemos los brazos y las piernas un poco, y ahora van a hacer el ejercicio de activación por ustedes mismos, para que lo puedan hacer todos los días sin necesidad de escuchar el audio ni leer este escrito.

Para ello inspiren hondo, lentamente, al soltar el aire dejan descender la visión interna al centro de su pecho, vuelven a inspirar hondo, lentamente, inspiren lentamente, suelten.

Para estos y todos los ejercicios pueden utilizar la técnica de la REMEMORACION, esto es atraer el recuerdo de lo que acabamos de hacer, o lo que hemos hecho hace tiempo, así pues atraigan ese recuerdo y notarán como todo se activa de nuevo, como suben las energías por las piernas, brazos, debajo de la piel, cabeza órganos etc. etc. nos damos un minuto de tiempo, mientras respiramos pausadamente notando las activaciones.

Esto lo pueden hacer en cada ejercicio energético que hayan hecho, es bien sencillo, desde el centro de su pecho, rememoran lo que quieren repetir y automáticamente sienten como se vuelve a activar,

Independientemente de ello, hay otro sistema que vamos a hacer ahora, para activar estas Fascias superficiales y profundas, éste Soplo Primario de Vida

Piernas en el suelo y levantamos nuevamente los talones como si nos pusiésemos unos zapatos de tacón alto.

Ahora piensen en su 10º chacra por debajo de los pies, y desde allí halamos la energía hacia arriba con la INTENCIONALIDAD puesta en activar nuestras Fascias superficiales y profundas.

Estiramos de los músculos hacia arriba hacia arriba y notamos como va entrando la energía por las piernas, y se van activando todos los parámetros anteriores, incluso con más fuerza si cabe, seguimos manteniendo la tensión, la vista interna en nuestro pecho y notando como la vibración celular va subiendo, como las corrientes electromagnéticas van recorriendo todo nuestro cuerpo, cada vez más intensamente, más intensamente, más intensamente, mantenemos la tensión un poco más, un poco más, un poco más, un poco más.... inspiramos profundamente. Soltamos y relajamos.

Ahora vamos a dar más activación a los chacras de las palmas de las manos, para ello, nos centramos nuevamente en nuestro centro del pecho, y respirando honda y lentamente, centrándonos en la zona del tórax, lo inflamos, por delante, por detrás, mantenemos la inspiración inflamos los laterales de las costillas, inflamos, inflamos... soltamos.

Volvemos a repetirlo inspiramos y ahora nos centramos en dilatar con la inspiración básicamente los laterales de las costillas, seguimos inspirando y dilatándolos, de tal forma que parece que se separa la parte central del pecho, mantenemos la inspiración con lo cual el pecho se abre y soltamos.

Esta respiración es muy buena para ampliar la caja torácica, y dar mayor capacidad pulmonar, al mismo tiempo que abrimos nuestro chacra cordial o cardiaco.

Volvemos a repetirlo y notamos como se abren los canales que va desde el pecho hacia los hombros formando una UVE, AHORARA, y ahora desde el corazón va subiendo la energía a los hombros y proyectándose a las palmas de las manos, abriendo más sus chacras, seguimos respirando lentamente, manteniendo las costillas laterales dilatadas.

Ahora a la inversa, dejamos las manos colgar por el lateral del cuerpo levantamos los dedos de las dos manos hacia arriba mirando el techo, estiramos hacia arriba con fuerza y manteniendo la tensión vamos halando la energía hacia nuestro pecho. CON MAS POTENCIA, MAS POTENCIA MAS POTENCIA, con cada inspiración al dilatar las costillas laterales más se abre el pecho, más energía halamos hacia nuestro 4º chacra, más activamos nuestro centro cardiaco, más apertura hay en el canal y el los chacras de las manos, mantenemos la tensión, mantenemos la tensión, halando,

halando, halando..... Soltamos y relajamos.

Seguimos con la Tercera grabación.

Ahora vamos a hacer la apertura y activación del canal medular subiendo la energía kundalini.

Para ello, apoyamos las piernas en el suelo y levantamos los talones hacia arriba, como si lleváramos una zapatos con tacones altos, de aguja, y halamos la energía hacia arriba por ambas piernas, tensionando los músculos de las pantorrillas, seguimos con la tensión mientras sigue subiendo la energía.

Sube hasta el primer chacra en la zona del perineo y vamos a seguir con la tensión haciendo que suba más y más energía, más y más, y la acumulamos en esa zona, con nuestra voluntad ahí se queda, y sigue subiendo y subiendo, cada vez con más energía en nuestro primer chacra, con más energía, con más energía....

Ahora con las manos apoyadas en los muslos inclinamos un poco el tronco hacia adelante mientras estiramos de los músculos de los glúteos, perineo, y anexos hacia arriba, con fuerza y mantenemos la tensión, en las piernas. El tronco un poco hacia adelante y estirando de los músculos hacia arriba, con fuerza, con fuerza, mantenemos la tensión...

Así notamos como se abre el pozo AHORARA y empieza a subir la energía kundalini por nuestra columna vertebral, la hacemos subir lentamente, Decretamos que suba lentamente, seguimos manteniendo la tensión en las piernas, estirando de los músculos de los glúteos y aledaños hacia arriba, lentamente, sintiéndola subir por nuestra columna, sintiendo como toda la columna se va llenando y activando, subiendo.

Notamos como va llegando a la zona del sacro y sigue hacia arriba a las lumbares, y sigue hacia arriba, hacia arriba hasta el tercer chacra, hasta el cuarto, seguimos manteniendo la tensión, mientras la energía sigue subiendo, hacia arriba, hacia arriba....

Y Ahora Decreto que se active todo tu sistema de chacras y energético y que se liberen los posibles atascos que pueda haber AHORARA.

Mientras sigue subiendo la Divina Madre Kundalini, va activando todo el sistema nervioso que arranca de la columna vertebral, sigue hacia arriba lentamente, hasta llegar al cuello, a las cervicales y lentamente sigue subiendo hasta la nuca, entra por dentro de la nuca empezando a irradiar el cerebro, seguimos manteniendo un poco más la tensión, hasta que sale por la coronilla, hacia arriba, pero seguimos todavía manteniendo un poco más la tensión para nutrir todo el canal, llenarlo más y más de energía, fortalecerlo con una corriente continua que sale por la coronilla, como su fuera un rayo láser continuo, mantenemos un poco más la tensión, un poco más, un poco más..... Ahora soltamos, relajamos.

Hacemos tres inspiraciones profundas, inspiramos, soltamos, inspiramos soltamos, inspiramos soltamos.

Ahora vamos a activar la Pineal abriendo el canal delantero central, que arranca del perineo por la parte de delante del cuerpo, mas los dos laterales.

Este ejercicio lo vamos a hacer más sencillo que como está en la primera iniciación, más fácil y rápido.

Para ello, piernas apoyadas nuevamente en el suelo, columna recta, apoyamos ahora fuertemente los talones en el suelo y levantamos los dedos de los pies hacia arriba, tensionando también las pantorrillas y halando de la energía hacia arriba hacia arriba.

Ahora la energía entra por los dedos y planta del pie hacia arriba y va subiendo mientras mantenemos la tensión, subiendo, subiendo hasta llegar al perineo, la mantenemos allí un poco mientras sigue subiendo, sigue subiendo y se va cargando la zona del perineo más de energía, más potencia, más potencia, más potencia, halamos con más fuerza.

Ahora estiramos con fuerza de los músculos de la zona del pubis hacia arriba y mantenemos la tensión, con lo que se abre el canal delantero central y la energía sube por delante hacia arriba, al segundo chacra, al tercero, al cuarto a la garganta y por último llega hasta la pineal activándola, AHORARA.

Seguimos manteniendo un poco la tensión mientras el canal se hace más fuerte, seguimos manteniendo la tensión, los talones apoyados firmemente en el suelo, dedos hacia arriba, seguimos subiendo la energía hasta el perineo, mantenemos la tensión mientras sigue subiendo la energía al perineo. Ahora levantamos hacia arriba los hombros con fuerza mientras estiramos de los músculos del Hígado y de la zona del Bazo Páncreas al mismo tiempo que inspiramos con fuerza, eso hace que se abran y activen los canales laterales, llegando la energía a la cabeza.

Pueden sentir calor en la cabeza es normal, mantenemos la tensión, mantenemos la tensión, mantenemos un poco más la tensión, la pineal está cada vez más activada, seguimos con la tensión desde las piernas hacia arriba, relajamos un poco los hombros, únicamente mantenemos la tensión por las piernas.

Ahora vamos a visualizar un triángulo que tiene la base justo debajo de la nariz y la cúspide arriba en la fontanela, y en medio vamos a visualidad el SOL, nuestro Sol, brillando con intensidad
Dorado, Radiante, irradiando su Luz a toda nuestra cabeza, activando también nuestras pituitarias, el tálamo, el hipotálamo,

el bulbo raquídeo, AHORARA,AHORARA AHORARA, mantenemos un poco más la tensión, un poco más, un poco más.... soltamos. Inspiramos hondo...

Ahora conviene mandar esa energía a la zona del segundo chacra, simplemente con la intención, al pensar en mandarla allá, ocurre, con lo que la cabeza queda despejada.

Recomiendo no mantener al principio la energía en la cabeza para evitar tensiones.

Ahora por último vamos a rememorar todo el ejercicio, sin hacer nada, ningún movimiento, simplemente centrados en nuestro corazón, para ello también podemos levantar los ojos hacia arriba, como si miráramos nuestro pelo, eso hace que el canal central se abra y nos ayude a situarnos en nuestro corazón, desde allí. Rememoramos el ejercicio, y notamos como se va repitiendo nuevamente, como se van activando los canales de las piernas como llega la energía al perineo y como sube primero por la columna vertebral hasta salir por la coronilla primero y después, por el canal central y laterales delanteros hasta la pineal nuevamente.

Ahora notamos los cuatro canales activos al mismo tiempo, mientras seguimos rememorando, centrados en nuestro corazón, seguimos respirando pausadamente, respiramos, respiramos y soltamos, pero antes de acabar volvemos a mandar la energía de la pineal al segundo chacra, al principio del trabajo energético no es conveniente dejar las energías en la cabeza para evitar molestias.

Y con esto terminan las activaciones de estos flujos energéticos, recomiendo hacer estos ejercicios todos los días, todos, pues son la base para poder hacer cualquier trabajo energético, al mismo tiempo que van regenerando todo nuestro cuerpo físico.

Con el audio de Irradiación Fuego Diamantino después de hacer la invocación y hecha la conexión, puedes pedir diferentes "guantes", (los llamados guantes son energías que se integran en el cuerpo incluso a nivel de ADN) como por ejemplo

Guantes de **Repulsión**.

Notarás que se ponen en tus manos hasta los codos luego entran por todo el cuerpo, de tal forma que cada célula se convierte en un guante, estos guantes sirven para sacar todas las energías que no son tuyas, que te han incrustados otras personas en tu cuerpo en esta u otras encarnaciones, también para ir limpiando las energías de baja frecuencia planetarias.

Luego solo tienes que tener las manos un poco separadas y decir activación de la repulsión y notarás que salen por las manos energías que irán a sus dueños, decreta que sean envueltas por la llama violeta, cundo quieras parar este trabajo solo di paramos.

Cuando quieras volver a hacerlo de nuevo dices guantes de repulsión.

Este trabajo durará un tiempo, te irás notando cada vez más limpi@, cada vez que pares de hacerlo levantas los brazos y Jalas tus propias parte multidimensionales, o bien lees el decreto que corresponda del método, las limpiezas son muy efectivas te irás sintiendo limpi@ vaci@ de lo que no es tuyo.

Guantes Rayo Llama Violeta transmutadora, que engloban el cuerpo físico y el campo áurico, la forma de pedirlos es la misma para todos los guantes.

Los guantes de ATRACCION ayudan a integrar energías con la invocación de Irradiación Fuego Diamantino, la forma de pedirlo y utilizarlos es la misma, conveniente tenerlo activado con cada uno de los trabajos de meditación del método y/o iniciaciones.

También puedes pedir guantes de SANACION, con los elementos incorporados y todo lo necesario acorde a tu nivel de vibración en éste momento, luego se irán fortaleciendo conforme avanzas con el método.

Cuando vaya a auto sanarse o sanar a otros, haciendo la invocación según el audio de Irradiación Fuego Diamantino pide mi asistencia junto con la activación de los guantes de Sanación, a partir de ahí pon las manos en las partes correspondientes con la intención de efectuar la curación y la energía notarás que fluye sola.

La misma forma para los guantes de REFRACCION, estos se fijan en tu cuerpo celular y sirven para repeler energías que vengan del exterior a ti, energías de baja vibración, también los puedes poner en tu casa, coche etc., como protección.

Decir activación guantes de...., decir desactivación guantes de,,,, cuando hayas terminado con ellos.

Los guantes de Activación Flujos Energéticos puedes pedirlos después de haberlos hecho con el audio o leídos varias veces más el rememorar, con los guantes al activarlos notarás con más intensidad la energía por tu cuerpo.

Hay guantes de activación de todo el sistema de chacras.

Los guantes Centro del Corazón sirven para anclarnos más rápido en nuestro corazón, en nuestra Fuente-Esencia, al pedirlos notarás como se activan los chacras sexto por delante (tercer ojo) y detrás, también el cuarto chacra por delante y detrás. Notarás asimismo como se activa una corriente de energía que asciende desde el cuarto chacra al sexto (3er ojo), también se efectúa una conexión -anclaje con el núcleo planetario, y otra corriente que ascendiendo desde la cuarta chacra en la columna sube por la coronilla y se proyecta al cosmos.

En los casos de notar mucha cantidad de irradiación o molestias motivadas por las ingentes cantidades de energías que llegan al planeta, pueden también pedir una CAMPANA DE PROTECCION, que filtrará estas energías adecuando su intensidad acorde al nivel de vibración de cada uno.

Una vez terminados los 46 días que dura este sistema, de nuevo haciendo la invocación, pide guantes del Manantial de la Eterna Juventud, se meterán por todo el cuerpo y empezará el proceso de rejuvenecimiento.

En términos generales se pueden utilizar guantes para Sanación, Elevar frecuencias, Atracción de todo lo que se necesite, Irradiación, Activaciones diversas como Cuerpos de Gloria, de Gracia, Mercabah, Pétalos de los chacras, Sistema de chacras, Glándulas Endocrinas, Fuegos Internos etc. etc., los cuales pueden solicitar una vez hecha la Invocación según los parámetros del audio de Irradiación Fuego Diamantino.

ARBOL DE LA CIENCIA DEL BIEN Y DEL MAL

La erradicación del árbol de la Ciencia del Bien y del Mal es recomendable oírlo/leerlo 4 veces diarias durante los primeros 37 días después 1 hora seguida los días 38, 39 y 40, para su erradicación.

DECRETO ERRADICAION, según detalle:

ESTE DECRETO TIENE EL OBJETIVO DE ELIMINAR TOTALMENTE EL ARBOL DE LA CIENCIA DEL BIEN Y DEL MAL, CON CUYA ELIMINACION SE ERRADICA LA DUALIDAD Y SE INSTAURA LA UNICIDAD.

PARA QUE EL SIGUIENTE DECRETO SURTA EFECTO, LA PERSONA QUE LO OYE/LEE HA DE ABSTENERSE DEL CONSUMO DE LOS SIGUIENTES PRODUCTOS:

TABACO. ALCOHOL, CAFE Y DROGAS, TAMBIEN SE RECOMIENDA ABSTENERSE EN LO POSIBLE DE OTRAS SUSTANCIAS COMO EL AZUCAR REFINADA Y LA SAL REFINADA (CLORURO SODICO) Y EN GENERAL DE CUALQUIER OTRA PERJUCICIAL PARA EL ORGANISMO.

ESTE DECRETO ES PARA USO EXCLUSIVO DE LA PERSONA A LA QUE SE LO HE ENVIADO CUYO NOMBRE CODIFICO EN LETRAS DE FUEGO EN EL DOCUMENTO DE VOZ.

YO SOY OMNINOMBRE DER ALLNAMENLIGE
YO SOY EL ACTUAL REGENTE PLANETARIO
YO SOY EL VERBO COSMICO ENCARNADO

Y COMO TAL DECRETO AHORA QUE TODO LO QUE SIGUE ES DE INMEDIATO CUMPLIMIENTO.

TODOS TUS PECADOS O KARMA NEGATIVO INTERNO

Y EXTERNO POR ACTIVA Y POR PASIVA EN TODAS TUS DIMENSIONES Y EDADES TEMPORALES QUEDAN ANULADOS, AHORARA-

DECRETO LA RETIRADA DE TUS CUERPOS DEL LLAMADO ARBOL DE LA CIENCIA DEL BIEN Y DEL MAL AHORARA, EL CUAL ES ETERIZADO Y CONVERTIDO EN LUZ, QUE NUTRE Y ACTIVA TU ARBOL DE LA VIDA. AHORARA.

DECRETO LA DESACTIVACION DE LOS PARÁMETROS, CROMOSOMAS Y GENOMAS RESPONSABLES DE ENFERMEDADES EN TUS CUERPOS, AHORARA.

DECRETO LA ACTIVACION DE LOS PARAMETROS, CROMOSOMAS Y GENOMAS QUE PRODUCEN ARMONIA BIENESTAR Y SALUD EN TUS CUERPOS AHORARA.

DECRETO LA ELIMINACION DE TU ORGANISMO DE LOS AGENTES INFECCIOSOS AHORARA.

DECRETO LA ACTIVACION DEL AMOR UNIFICADO INCONDICIONAL A NIVEL DE TU ADN, EN UN 35% AHORARA.

ESTA ACTIVACION IRA INCREMENTANDOSE DE FORMA PAULATINA HASTA ALCANZAR EL 50% O MAS CONFORME DIA A DIA VAYAS OYENDO ESTA GRABACIÓN O LEYENDOLA, EN EL TRASCURSO DE LAS AUDICIONES O LECTURAS CODIFICADAS CON LAS TRASMISIONES DE LAS INICIACIONES CORRESPONDIENTES A LAS LLAMADAS 49 PUERTAS O SUPERIORES AHORARA.

UNA VEZ TERMINADAS LAS LLAMADAS 49 PUERTAS O CUMPLIDAS 37 AUDICIONES A RAZON DE UNA A CUATRO DIARIAS SE OIRÁ ESTA GRABACION UNA HORA SEGUIDA CADA DIA DURANTE TRES DIAS.

POSTERIORMENTE, CASO DE NO SEGUIR EL TRABAJO CON LAS DEMAS INICIACIONES CORRESPONDIENTES A LAS CHACRAS EXTRAFISICOS, RECOMIENDO LA LECTURA O LA AUDICION DE ESTE DECRETO UNA VEZ AL DIA, PARA EVITAR VOLVER ATRAS.

QUE ASI SE ESCRIBA AHORA CON LETRAS DE FUEGO EN LOS MUROS DEL DESTINO COSMICO Y ASI SE CUMPLA. AHORARA, AHORARA, AHORARA.

QUE EL AMOR UNIFICADO INCONDICIONAL SEA SIEMPRE TU BANDERA

.
YO SOY OMNINOMBRE

Como este Decreto en audio y escrito hace también emerger los diversos dones y cualidades innatas en el Ser humano, conforme más se oiga o lea más fácilmente emergerán éstos.

ACTIVACIONES DIVERSAS.

ANTAKAHRANA Y CONEXION PINEAL CORAZON.

EMPEZAMOS:

Como Verbo Cósmico Encarnado que YO SOY,
DECRETO que todo lo que sigue, sea de inmediato cumplimiento.

QUE ASI SE ESCRIBA AHORA CON LETRAS DE FUEGO EN LOS MUROS DEL DESTINO COSMICO Y ASI SE CUMPLA.

TODOS LOS PECADOS O KARMA NEGATIVO INTERNO Y EXTERNO ES ANULADO AHORA, QUEDA LIMPIO. QUEDA SANADO.

Todos los Tapones energéticos, larvas astrales, entes, implantes, dispositivos de control o cualquier otro que impida la libre circulación de energías en nuestros cuerpos es retirado ahora.

Empezamos, sentados o tumbados, si sentados, piernas abiertas apoyadas en el suelo, columna recta, barbilla algo hacia abajo, inspiramos lentamente, nos llenamos, soltamos, volvemos a inspirar lentamente, nos llenamos, soltamos, lo volvemos a repetir, inspiramos soltamos.

Concentramos nuestra vista en el ANTAKARANA, y seguimos

respirando pausadamente, estaremos CINCO MINUTOS con la vista fija en este símbolo.

PARA ESTA MEDITACION

Invocamos a todas nuestras partes Multidimensionales y a todos los Seres de Luz que nos quieran asistir en este trabajo.

INVOCAMOS A TODAS LAS PARTES DE NUESTRO SER MULTIDIMENSIONAL, también invocamos a todos los acompañantes que están conectados con nosotros, que todos se pongan en actividad ahora para realizar este trabajo. Haciendo un especial llamado a nuestros AMADOS BABAJI y YADEL.

SEGUIMOS INSPIRANDO Y SOLTANDO, FLUYENDO A TRAVÉS DE NUESTRO CORAZÓN, CONCENTRADOS EN EL ANTAHKARANA.

Abrimos un poco las manos y notamos que nos agarran, en realidad estamos formando un gran corro de personas con las manos enlazadas, todas las que están ahora presentes, todas las que lo harán en futuras audiciones, **siempre en el presente continuo.**.

SEGUIMOS INSPIRANDO Y SOLTANDO, FLUYENDO A TRAVÉS DE NUESTRO CORAZÓN, CONECTADOS TOTALMENTE EN NUESTRO CORAZÓN, FLUYENDO, FLUYENDO, FLUYENDO.

EMPEZAMOS A VERNOS UNOS A OTROS, al de nuestra derecha, al de la izquierda a los que están enfrente en el círculo que hemos formado.

Inspiramos y soltamos y Fluimos y Fluimos y Fluimos.

Ahora vemos que desciende una gran burbuja y que nos envuelve, nos vemos dentro de ella. Está llena de Luz VIVA, Energía Vibracional del más alto Nivel que nuestro cuerpo puede soportar, y vibramos con ella, vibramos, vibramos.

Inspiramos y espiramos, inspiramos y espiramos.

Ahora ocurre algo inusual, la Gran burbuja empieza a contraerse, a contraerse a contraerse, haciéndose más pequeña, más pequeña más pequeña, empujándonos unos junto a otros, apelotonándonos.

Y se sigue reduciendo y nosotros vamos REDUCIÉNDONOS CON ELLA.

Y la burbuja sigue haciéndose más pequeña, más pequeña, más pequeña, ahora parece una pelota y nosotros estamos dentro de ella.

Sigue reduciendo su tamaño hasta llegar a convertirse en una partícula, y nosotros en ella, somos esa partícula, y aunque seguimos teniendo nuestra propia conciencia, somos UNO.

Inspiramos y soltamos y Fluimos y Fluimos y Fluimos.

Esta Meditación atrae muchas personas así que empiezan a aparecer ahora personas afines a este trabajo, se nos acercan y se funden también con nosotros,

Y siguen llegando y siguen llegando y siguen llegando.

También llegan otras que son empujadas por sus Seres Álmicos, sin ellos sospecharlo siquiera.

Y siguen llegando y siguen llegando y siguen llegando.

Integrándose en la partícula.

Seguimos Inspirando y soltando y Fluimos y Fluimos y Fluimos.

AHORA DECRETO QUE.

Dentro de la partícula seamos transportados en la adimensionalidad, a un Templo de la HERMANDAD DEL RAYO COSMICO PEMPENIDES.

Sentimos como un gran vórtice se abre y nos vemos succionados, chupados como si de una gran aspiradora se tratase, notamos unos vaivenes y somos transportados en un abrir y cerrar de ojos.

Ahora ya en nuestro destino, la partícula crece y se transforma de nuevo en burbuja, se eleva liberándonos.

Nos vemos en un recinto de ORO PURO, tan fino que es translúcido, YADEL y BABAJI que nos acompañan nos indican al fondo otra sala, vamos hacia ella, está llena de ANTAHKANAS por todas partes, allí donde dirigimos la mirada se pueden ver de todos los tamaños, el suelo el techo las paredes son hermosos Antahkaranas, nos quedamos extasiados contemplándolos fijamente.

Ahora BABAJI se coloca delante nuestro y YADEL detrás, ambos tienen un cristal etérico cuadrado con el ANTAHKARANA esculpido y lo colocan por delante en nuestra frente por detrás en el occipucio, éstos se deslizan hacia adentro y se unen en nuestra pineal, hecho esto, nos señalan unas cabinas, vamos hacia ellas.

Entramos cada uno en una, al cerrar la puerta se iluminan y empiezan a irradiar LUZ ULTRAVIOLETA, ésta nos entra por todas las partes del cuerpo simultáneamente, por las piernas, cabeza, manos, por todos los chacras, por toda la piel del cuerpo, notamos como se eleva la vibración de nuestro cuerpo.

Mientras somos irradiados, vamos a entonar también ultrasonidos para activar los puntos de anclaje de todo el CANAL PINEAL CIRAZON hasta el PLEXO SOLAR.

Para ello entonaré el Sonido con mi voz, ustedes lo repiten mudo, sacando la energía de las cervicales, como si fueran a pronunciarlo de verdad pero sin sonido.

Para   activación   Pineal   sonido
iiiiiiiiiiiaaaaaaaaaammmmmmm

Lo repiten mudo.

iiiiiiiiaaaaaaaammmmmmm   Lo repiten mudo

iiiiiiiiiiaaaaaaaaammmmmmmm Lo repiten mudo

Para el centro de la garganta sonido

eeeeeeeaaaaaaammmmmmm Lo remiten mudo

eeeeeeeaaaaaaammmmmmm Lo remiten mudo

eeeeeeeaaaaaaammmmmmm Lo remiten mudo

Para el centro del pecho sonido

ooooooooaaaaaaaaaammmmmmmmm Lo repiten mudo

ooooooooaaaaaaaaaammmmmmmmm Lo repiten mudo

ooooooooaaaaaaaaaammmmmmmmm Lo repiten mudo

Para el Plexo Solar sonido

uuuuuuuuuuuaaaaaaaaaammmmmmmm Lo repiten mudo

uuuuuuuuuuuaaaaaaaaaammmmmmmm Lo repiten mudo

uuuuuuuuuuuaaaaaaaaaammmmmmmm Lo repiten mudo

AHORA entonamos el sonido de iluminación de nuestras aguas internas, lo repiten mudo, al hacerlo vean su cuerpo internamente como se ilumina.

ooooooooooommmmmmmmm Lo remiten mudo

aaaaaaaaaaaammmmmmmmmm Lo repiten mudo

oooooooooooommmmmmmmmm Lo remiten mudo

aaaaaaaaaaaammmmmmmmmm Lo repiten mudo

oooooooooooommmmmmmmmm Lo remiten mudo

aaaaaaaaaaaammmmmmmmmm Lo repiten mudo

Por último Invocaremos a HOR-UR siete veces.

Lo repiten mudo

1.- **HOOOOORRRR-UUUUURRRRR**

2.- **HOOOOORRRR-UUUUURRRRR**

3.- **HOOOOORRRR-UUUUURRRRR**

4.- **HOOOOORRRR-UUUUURRRRR**

5.- **HOOOOORRRR-UUUUURRRRR**

6.- **HOOOOORRRR-UUUUURRRRR**

7- **HOOOOORRRR-UUUUURRRRR**

Ahora se abre la cabina salimos, YADEL y BABAJI nos esperan sonrientes, nos indican que levantemos las manos por sobre nuestras cabeza, allí contactamos con aspectos más elevamos de nosotros mismos y notamos la energía fluir por nuestras manos hacia abajo, hacia abajo, hacia abajo, llega a los hombros, al pecho y baja hasta el plexo, con lo cual anclamos una mayor parte de nosotros mismos, mientras al mismo tiempo abrimos y fortalecemos más este canal de unión PINEAL CORAZON HASTA EL PLEXO.

AHORA la burbuja desciende nuevamente, se convierte en

partícula y nos transporta.

Están relajados, relajados, relajados, con la vista interna en el centro de nuestro pecho, nos quedamos ahí todo el tiempo que queramos, no es necesario salir ahora de la meditación, saboreen este bonito momento, nos quedamos ahí.

Mientras lo hacen YADEL y BABAJI aprovechan para darles un mensaje, o resolver alguna duda.

Por mi parte es todo. Esta meditación sería conveniente repetirla diferentes veces durante todo el proceso de desarrollo, también está en audio.

EMPIEZAN LAS ACTIVACIONES ENERGÉTICAS DIA A DIA.

IMPORTANTE: En las iniciaciones detalladas día a día es conveniente al cabo de unas horas de haberla leído u oído, utilizar la técnica de REMEMORACION, diciendo, REMEMORAR AHORA Iniciación... (la que corresponda, primera, segunda etc,)

Esta técnica también se puede utilizar para volver a activar las energías después de cualquier trabajo energético o meditación.

Después de los trabajos-meditación con el Árbol de la Vida diremos ACTIVACION GUANTES GLANDULAS ENDOCRINAS, estos guantes sirven para activar, regular y equilibrar la producción hormonal del cuerpo.

DIA UNO.

Importante: Los día a día conviene hacerlos con los guantes de atracción activados, ver sobre los guantes en el índice.

Decimos: Activación Guantes de Atracción (ver índice).

Hacer ejercicio para estar en el centro del corazón (ver índice).

Oir audio o leer activación flujos energéticos detallados al principio.

Oir audio y/o leer 4 veces Decreto Erradicación Árbol de la Ciencia del Bien y del Mal.

Oir audio y/o leer **1º iniciación** como sigue:

Plano Físico PUERTA O DIA 1

DECRETAMOS AHORA la integración en el cuerpo físico del primer plano de energía del campo áurico, iglesia principal EFESO (primer chacra-Muladhara), todas las demás subordinadas.

Al arrastrar al físico el primer plano correspondiente a la iglesia de ÉFESO, chacra raíz, se integran las energías correspondientes al primer sub-plano de este plano Físico.

Notaréis como todas las chacras se activan vaciando al físico su contenido y posteriormente como las energías correspondientes se van integrando en el cuerpo, esto se nota simultáneamente por toda la piel, como calor, como si hubiésemos ido a la playa.

QUE ASI SE ESCRIBA AHORA CON LETRAS DE FUEGO Y ASI SE CUMPLA.

ACTIVACION GENERAL DE SENDEROS DEL ARBOL DE LA VIDA KABALISTICO Y SUS SEFIRAS CORRESPONDIENTES, TAMBIEN SE ACOMPAÑA EN AUDIO.

DECRETAMOS AHORA QUE TODO LO QUE SIGUE ES DE INMEDIATO CUMPLIMIENTO.

QUE ASI SE ESCRIBA AHORA CON LETRAS DE FUEGO Y ASI SE CUMPLA

TODO TU KARMA NEGATIVO O PECADOS INTERNOS Y EXTERNOS SON ANULADOS QUEDA LIMPIO. QUEDA SANADO

TODOS LOS TAPONES ENERGETICOS, IMPLANTES, LARVAS ASTRALES, DISPOSITIVOS DE CONTROL, DISPOSITIVOS DE LA MATRIX, O CUALQUIER OTRO QUE IMPIDA O LIMITE EL LIBRE FLUJO ENERGÉTICO A TUS CUERPOS ES RETIRADO AHORA

 Y ASI ES, ASI ES, ASI ES

ANTES DE EMPEZAR. REPIRAR HONDO VARIAS VECES, RELAJARSE,

ASI PUES INSPIRAMOS HONDO SOLTAMOS, INSPIRAMOS HONDO SOLTAMOS, INSPIRAMOS HONDO, SOLTAMOS

LLEVAMOS LA VISTA INTERNA AL CENTRO DEL PECHO.

EMPEZAMOS CON LA ACTIVACION DEL **CENTRO OMEGA** QUE ESTA SITUADO A 24 CM DEBAJO DEL PERINEO, ASI PUES **DECRETO SU ACTIVACION AHORA**

CON LA ACTIVACION SE EMPIEZA A SENTIR CALOR ENTRE LOS MUSLOS

DEL CENTRO OMEGA SALE UN FLUJO DE ENERGIA CONTINUO HACIA LA SEFIRA MALKUT, ZONA DEL PERINEO (PRIMER CHACRA) **ACTIVANDOLA. AHORA**.

1- DE MALKUT ZONA DEL PERINEO (Situada entre el ANO y los ORGANOS SEXUALES) SALEN DOS FLUJOS ENERGETICOS EN V, HACIA LA ZONA DEL HIGADO, SEFIRA HOD Y DEL BAZO PANCREAS SEFIRA NETZAH, **ABRIENDO Y LIMPIANDO SUS CANALES DE CONEXIÓN. AHORA**

2- DE MALKUT ZONA DEL PERINEO, SALE UN FLUJO DE ENERGIA EN PERPENDICULAR HACIA ARRIBA HASTA LA SEFIRA YESOD (GONADAS), SITUADA EN LA ZONA DEL SEGUNDO CHACRA, **ABRIENDO Y LIMPIANDO SU CANAL DE CONEXIÓN. AHORA**

3- DE LA SEFIRA YESOD (GONADAS) SALEN DOS FLUJOS ENERGETICOS EN V HACIA LA ZONA DEL HIGADO SEFIRA HOD Y DEL BAZO PANCREAS SEFIRA NETZAH, **ABRIENDO Y LIMPIANDO SUS CANALES DE CONEXIÓN. AHORA**

4- DE LA SEFIRA YESOD (GONADAS) SALE UN FLUJO ENERGETICO EN PERPENDICULAR HACIA ARRIBA HASTA LA SEFIRA TIPHARET SITUADA EN EL PECHO, ZONA DEL CUARTO CHACRA, **ABRIENDO Y LIMPIANDO SU CANAL DE CONEXIÓN. AHORA**

5- DE LA SEFIRA HOD ZONA DEL HIGADO SALE UN FLUJO DE ENERGIA EN HORIZONTAL HACIA NETZAH ZONA DEL BAZO PANCREAS.**ABRIENDO Y LIMPIANDO SU CANAL DE CONEXIÓN. AHORA**

CON ESTO SE HAN COMPLETADO LAS CONEXIONES QUE FORMAN DOS TRIANGULOS CON EL VERTICE HACIA ABAJO UNO EXTERIOR ENTRE HOD NETZAH MALKUT Y

EL OTRO INTERIOR ENTRE HOD NETZAH YESOD.

AMBOS COMO TODOS LOS DEL ARBOL ESTAN ATRAVESADOS POR EL CANAL CENTRAL, EL CANAL DE LA VIDA.

6- DE HOD ZONA DEL HIGADO SALE UN FLUJO DE ENERGIA HACIA THIPHARET EN LA ZONA DEL CUARTO CHACRA ENTRE LOS PECHOS.**ABRIENDO Y LIMPIANDO SU CANAL DE CONEXIÓN. AHORA**

7- DE NETZAH ZONA DEL BAZO PANCREAS SALE UN FLUJO DE ENERGIA HACIA THIPHARET EN LA ZONA DEL CUARTO CHACRA ENTRE LOS PECHOS.**ABRIENDO Y LIMPIANDO SU CANAL DE CONEXIÓN. AHORA**

CON ESTOS DOS CANALES SE FORMA UN PRIMER TRIANGULO CON EL VERTICE HACIA ARRIBA.

8- DE HOD ZONA DEL HIGADO SALE UN FLUJO DE ENERGIA HACIA ARRIBA EN PERPENDICULAR HASTA GEBURAH, ZONA DEL HOMBRO DERECHO.**ABRIENDO Y LIMPIANDO SU CANAL DE CONEXIÓN. AHORA**

9- DE NETZAH ZONA DEL BAZO PANCREAS SALE UN FLUJO DE ENERGIA HACIA ARRIBA EN PERPENDICULAR HASTA CHESED, ZONA DEL HOMBRO IZQUIERDO. **ABRIENDO Y LIMPIANDO SU CANAL DE CONEXIÓN. AHORA**

10 DE TIPHARET EN EL PECHO, SALEN DOS FLUJOS ENERGETICOS EN FORMA DE V HASTA GEBURAH Y CHESED, HOMBRO DERECHO E IZQUIERDO RESPECTIVAMENTE.**ABRIENDO Y LIMPIANDO SUS CANALES DE CONEXIÓN. AHORA**

11- DE GEBURAH HOMBRO DERECHO SALE UN FLUJO

DE ENERGIA HASTA CHESED HOMBRO IZQUIERDO UNIENDOLOS ENTRE SI Y **ABRIENDO Y LIMPIANDO SU CANAL DE CONEXIÓN. AHORA**

AHORA YA TENEMOS OTRO TRIANGULO CON EL VERTICE HACIA ABAJO FORMADO POR GEBURAH CHESED Y TIPHARET, QUE EN SU UNION TAMBIEN CON HOD Y NETZAH FORMAN A SEMEJANZA DE UN RELOJ DE ARENA.

TAMBIEN LOS CUATRO EXTREMOS HOD, NETZAH, CHESED Y GEBURAH FORMAN UN CUBO QUE CONTIENE LA CAJA TORACICA.

12- DE TIPHARET EN EL PECHO, SALEN DOS FLUJOS ENERGETICOS EN FORMA DE V HASTA BINAH ZONA DE LA PITUITARIA DERECHA Y CHOKMAH ZONA DE LA PITUITARIA IZQUIERZA A AMBOS LADOS DE LA NARIZ. **ABRIENDO Y LIMPIANDO SUS CANALES DE CONEXIÓN. AHORA**

13- DE GEBURAH ZONA DEL HOMBRO DERECHO SALE UN FLUJO ENERGETICO EN VERTICAL HACIA BINAH ZONA DE LA PITUITARIA DERECHA LADO DERECHO DE LA NARIZ. **ABRIENDO Y LIMPIANDO SU CANAL DE CONEXIÓN. AHORA**

14- DE CHESED ZONA DEL HOMBRO IZQUIERDO SALE UN FLUJO ENERGETICO EN VERTICAL HACIA CHOKMAH ZONA DE LA PITUITARIA IZQUIERDA LADO IZQUIERDO DE LA NARIZ. **ABRIENDO Y LIMPIANDO SU CANAL DE CONEXIÓN. AHORA**

15- DE BINAH ZONA DE LA PITUITARIA DERECHA LADO DERECHO DE LA NARIZ SALE UN FLUJO DE ENERGIA EN HORIZONTAL HACIA CHOKMAH PITUITARIA IZQUIERDA EN EL.LADO IZQUIERDO DE LA NARIZ. **ABRIENDO Y**

LIMPIANDO SU CANAL DE CONEXIÓN. AHORA

CON ESTO SE HA FORMADO TAMBIEN UN FINO Y LARGO TRIANGULO ENTRE BINAH CHOKMAH Y THIPHARET

16- DE TIPHARET EN EL PECHO, SALE UN FLUJO ENERGETICO EN VERTICAL HACIA LA PINEAL EN EL CENTRO DEL CEREBRO SEFIRA KETHER. **ABRIENDO Y LIMPIANDO SU CANAL DE CONEXIÓN. AHORA**

17- DE BINAH ZONA DE LA PITUITARIA DERECHA LADO DERECHO DE LA NARIZ SALE UN FLUJO DE ENERGIA HACIA LA PINEAL EN EL CENTRO DEL CEREBRO, SEFIRA KETHER **ABRIENDO Y LIMPIANDO SU CANAL DE CONEXIÓN. AHORA**

18- DE CHOKMAH ZONA DE LA PITUITARIA IZQUIERDA LADO IZQUIERDO DE LA NARIZ SALE UN FLUJO DE ENERGIA HACIA LA SEFIRA KETHER ZONA DE LA PINEAL EN EL CENTRO DEL CEREBRO, **ABRIENDO Y LIMPIANDO SU CANAL DE CONEXIÓN. AHORA**

CON ESTO SE HA FORMADO EL ULTIMO TRIANGULO, ESTE CON EL VERTICE HACIA ARRIBA, LLAMADO TAMBIEN "LOS TRES SUPERNOS", COMPUESTO POR BINAH CHOKMAH Y KETHER.

19- DE KETHER DESDE LA ZONA DE LA PINEAL SALE UN FLUJO DE ENERGIA HACIA ARRIBA HASTA EL CENTRO ALPHA, SITUADO A 24 CM. SOBRE LA CABEZA.

DECRETAMOS TAMBIEN LA ACTIVACION DEL CENTRO ALPHA. AHORA.

UNA VEZ EFECTUADO ESTO EL ARBOL Y SUS CANALES INCLUIDOS ALPHA Y OMEGA ESTA COMPLETO.

NO OBSTANTE AHORA VAMOS HA REPASARLO EN SENTIDO DESCENDENTE A LA MANERA DE UN RAYO ZIC-ZAGUEANTE.

EN ESTE DESCENSO IRA ACTIVANDO MAS LAS DIFERENTES SEFIRAS Y CANALES DEL ARBOL DE LA VIDA.

20- DESDE EL CENTRO ALPHA DESCIENDE UN FLUJO DE ENERGIA HASTA KETHER A TRAVES DE LA FONTANELA ACTIVANDO LA PINEAL.

21- DE KETHER DESDE LA PINEAL DESCIENDE HASTA CHOKMAH ZONA DE LA PITUITARIA IZQUIERDA.

22- DE CHOKMAH ZONA DE LA PITUITARIA IZQUIERDA EN HORIZONTAL VA HACIA BINAH ZONA DE LA PITUITARIA DERECHA-

23- DE BINAH ZONA DE LA PITUITARIA DERECHA DESCIENTE HASTA CHESED EN LA ZONA DEL HOMBRO IZQUIERDO

24- CHESED EN LA ZONA DEL HOMBRO IZQUIERDO EN HORIZONTAL SE DESPLAZA HASTA GEBURAH EN LA ZONA DEL HOMBRO DERECHO.

25- DE GEBURAH EN LA ZONA DEL HOMBRO DERECHO. DESCIENDE HASTA THIPHARET EN EL CENTRO DEL PECHO, ZONA DEL CUARTO CHACRA.

26- DE THIPHARET EN EL CENTRO DEL PECHO, ZONA DEL CUARTO CHACRA.DESCIENDE HASTA NETZAH ZONA DEL BAZO PANCREAS.

27- DE NETZAH ZONA DEL BAZO PANCREAS EN HORIZONTAL VA HACIA HOD ZONA DEL HIGADO.

28- DE HOD ZONA DEL HIGADO DESCIENDE HASTA YESOD (GONADAS) EN LA ZONA DEL SEGUNDO CHACRA.

29- DE YESOD (GONADAS) EN LA ZONA DE LA SEGUNDA CHACRA.DESCIENDE EN VERTICAL HASTA MALKUT, ZONA DEL PERINEO.

DE MALKUT ZONA DEL PERINEO DESCIENDE NUEVAMENTE HASTA EL CENTRO OMEGA SITUADO 24 CM. MAS ABAJO.

CON ESTO EL ARBOL DE LA VIDA DE 10 SEFIROTH CABALISTICO CON TODOS SUS SENDEROS HA SIDO ACTIVADO. Y ASI ES ASI ES ASI ES.

MEDITACIONES ÁRBOL DE LA VIDA 10 SEFIROTH

Decimos REMEMORAR ejercicio para estar en el centro del corazón

MALKUT

DECRETO QUE TODO LO QUE SIGUE SEA DE INMEDIATO CUMPLIMIENTO.

QUE ASÍ SE ESCRIBA AHORA CON LETRAS DE FUEGO Y ASÍ SE CUMPLA.

TODOS LOS PECADOS O KARMA NEGATIVO INTERNO Y EXTERNO ES ANULADO AHORA. QUEDA LIMPIO. QUEDA SANADO.

La integración en el cuerpo físico de esta esfera vibracional correspondiente a Séfira MALKUT, ubicada en la zona del perineo, la haremos en esta sola meditación.

Como todo ha de estar contenido en todo, la integración se

realiza en cada una de las 10 séfiras.

Para ello, DECRETO QUE.

Se integre en el físico todo que sigue AHORA.

1º- Un tono vibracional en MALKUT - Perineo.

2º- Tres tonos vibracionales en YESOD - Gónadas.

3º- Cinco tonos vibracionales en HOD - Hígado.

4º- Siete tonos vibracionales en NETZACH - Bazo-Páncreas.

5º- Nueve tonos vibracionales en TIPHARET - Centro del Pecho.

6º- Once tonos vibracionales en - GEBURAD- Hombro derecho.

7º- Trece tonos vibracionales en CHESED - Hombro izquierdo.

8º- Quince tonos vibracionales en BINAH - Pituitaria derecha.

9º- Diecisiete tonos vibracionales en CHOKMAH - Pituitaria izquierda.

10º- Diecinueve tonos vibracionales en KETHER- Pineal.

Hecho esto, la Séfira Malkut (Adonai Melek- Rey de Reyes, Señor de Señores) se integra ahora totalmente en su lugar físico, zona del Perineo, y la cantidad de tonos vibracionales que le corresponden en las demás séfiras.

Notad ahora como desciende un Árbol de la Vida, con todas sus 10 séfiras, notándose Malkut resaltada, ya que está completa.

La integración en el físico de todos estos tonos vibracionales, dependiendo de las personas, puede tardar hasta un día aproximadamente en completarse.

DIA DOS

Decimos:: Activación Guantes de Atracción (ver índice).

Hacer ejercicio para estar en el centro del corazón (ver índice).

Oir audio o leer activación flujos energéticos detallados al principio.

Oir audio y/o leer 4 veces Decreto Erradicación Árbol de la Ciencia del Bien y del Mal.

Oir audio y/o leer **1º iniciación**. Como sigue:

Plano Físico PUERTA O DIA 1

DECRETAMOS AHORA la integración en el cuerpo físico del primer plano de energía del campo áurico, iglesia principal EFESO (primer chacra-Muladhara), todas las demás subordinadas.

Al arrastrar al físico el primer plano correspondiente a la iglesia de ÉFESO, chacra raíz, se integran las energías correspondientes al primer sub-plano de este plano Físico.

Notaréis como todas las chacras se activan vaciando al físico su contenido y posteriormente como las energías correspondientes se van integrando en el cuerpo, esto se nota simultáneamente por toda la piel, como calor, como si hubiésemos ido a la playa.

QUE ASI SE ESCRIBA AHORA CON LETRAS DE FUEGO Y ASI SE CUMPLA.

MEDITACIONES ÁRBOL DE LA VIDA 10 SEFIROTH
Decimos REMEMORAR ejercicio para estar en el centro del corazón

YESOD PRIMER NIVEL

DECRETO que todo lo que sigue, sea de inmediato cumplimiento.

QUE ASÍ SE ESCRIBA AHORA CON LETRAS DE FUEGO Y ASÍ SE CUMPLA.

TODOS LOS PECADOS O KARMA NEGATIVO INTERNO Y EXTERNO ES ANULADO AHORA. QUEDA LIMPIO. QUEDA SANADO.

Todos los Tapones energéticos, implantes, larvas astrales, entes, dispositivos de control, dispositivos de la Matrix o cualquier otro que impida la libre circulación de energías en nuestros cuerpos es retirado ahora.

La integración en el cuerpo físico de esta esfera vibracional correspondiente a Séfira YESOD, ubicada en la zona del perineo, la haremos en dos meditaciones, que abarcan los tonos vibracionales del 3 al 23.

Como todo ha de estar contenido en todo, la integración se realiza en cada una de las 10 séfiras.

Hoy hacemos la primera meditación de integración,

Para ello, DECRETO QUE.

Se integre en el físico todo que sigue AHORA.

1º- Tres tonos vibracionales en MALKUT - Perineo.

2º- Cinco tonos vibracionales en YESOD- Gónadas.

3º- Siete tonos vibracionales en HOD - Hígado.

4º- Nueve tonos vibracionales en NETZACH - Bazo-Páncreas.

5º- Once tonos vibracionales en TIPHARET - Centro del Pecho.

6º- Trece tonos vibracionales en - GEBURAD- Hombro derecho.

7º- Quince tonos vibracionales en CHESED - Hombro izquierdo.

8º- Diecisiete tonos vibracionales en BINAH - Pituitaria derecha.

9º- Diecinueve tonos vibracionales en CHOKMAH - Pituitaria izquierda.

10º- Veintiuno tonos vibracionales en KETHER- Pineal.

Con lo cual las integraciones correspondientes al primer nivel de YESOD quedan efectuadas.

La integración en el físico de todos estos tonos vibracionales, dependiendo de las personas, puede tardar hasta un día aproximadamente en completarse

DIA TRES

Decimos: Activación Guantes de Atracción (ver índice).

Hacer ejercicio para estar en el centro del corazón (ver índice).

Oir audio o leer activación flujos energéticos detallados al principio.

Oir audio y/o leer 4 veces Decreto Erradicación Árbol de la Ciencia del Bien y del Mal.

Oir audio y/o leer **1º iniciación** como sigue:

Plano Físico PUERTA O DIA 1

DECRETAMOS AHORA la integración en el cuerpo físico del primer plano de energía del campo áurico, iglesia principal EFESO (primer chacra-Muladhara), todas las demás subordinadas.

Al arrastrar al físico el primer plano correspondiente a la iglesia de ÉFESO, chacra raíz, se integran las energías correspondientes al primer sub-plano de este plano Físico.

Notaréis como todas las chacras se activan vaciando al físico su contenido y posteriormente como la parte correspondiente del campo áurico se va integrando en el cuerpo, esto se nota simultáneamente por toda la piel, como calor, como si hubiésemos ido a la playa.

QUE ASI SE ESCRIBA AHORA CON LETRAS DE FUEGO Y ASI SE CUMPLA.

MEDITACIONES ÁRBOL DE LA VIDA 10 SEFIROTH
Decimos REMEMORAR ejercicio para estar en el centro del corazón
YESOD SEGUNDO NIVEL

DECRETO que todo lo que sigue, sea de inmediato cumplimiento.

QUE ASÍ SE ESCRIBA AHORA CON LETRAS DE FUEGO Y ASÍ SE CUMPLA.

TODOS LOS PECADOS O KARMA NEGATIVO INTERNO Y EXTERNO ES ANULADO AHORA. QUEDA LIMPIO. QUEDA SANADO.

Todos los Tapones energéticos, implantes, larvas astrales, entes, dispositivos de control, dispositivos de la Matrix o cualquier otro que impida la libre circulación de energías en nuestros cuerpos es retirado ahora.

La integración en el cuerpo físico de esta esfera vibraciones correspondientes a la Séfira YESOD, ubicada en la zona del perineo, la haremos en dos meditaciones, que abarcan los tonos vibracionales del 3 al 23.

Como todo ha de estar contenido en todo, la integración se realiza en cada una de las 10 séfiras.

Hoy hacemos la segunda meditación de integración,

Para ello. DECRETO QUE.

Se integre en el físico todo que sigue AHORA.

1º- Cinco tonos vibracionales en MALKUT - Perineo...

2º- Siete tonos vibracionales en YESOD - Gónadas.

3º- Nueve tonos vibracionales en HOD - Hígado.

4º- Once tonos vibracionales en NETZAH - Bazo-Páncreas.

5º- Trece tonos vibracionales en TIPHARET - Centro del Pecho.

6º- Quince tonos vibracionales en - GEBURAD- Hombro derecho.

7º- Diecisiete tonos vibracionales en CHESED - Hombro izquierdo.

8º- Diecinueve tonos vibracionales en BINAH - Pituitaria derecha.

9º- Veintiuno tonos vibracionales en CHODMAH - Pituitaria izquierda.

10º- Veintitrés tonos vibracionales en KETHER- Pineal.

Con lo cual las integraciones correspondientes al segundo nivel de YESOD quedan efectuadas.

Hecho esto, la Séfira Yesod (Chaddai El Chai, El Todopoderoso Dios Vivo) se integra ahora totalmente en su lugar físico, zona de las gónadas, y la cantidad de tonos vibracionales que le corresponden en las demás séfiras.

Notad ahora como desciende un Árbol de la Vida, con todas sus séfiras, notándose Yesod resaltada, ya que está completa.

La integración en el físico de todos estos tonos vibracionales, dependiendo de las personas, puede tardar hasta un día aproximadamente en completarse.

DIA CUATRO

Decimos: Activación Guantes de Atracción (ver índice).

Hacer ejercicio para estar en el centro del corazón (ver índice).

Oir audio o leer activación flujos energéticos detallados al principio.

Oir audio y/o leer 4 veces Decreto Erradicación Árbol de la Ciencia del Bien y del Mal.

Oir audio y/o leer **1º iniciación** como sigue:

Plano Físico PUERTA O DIA 1

DECRETAMOS AHORA la integración en el cuerpo físico del primer plano de energía del campo áurico, iglesia principal EFESO (primer chacra-Muladhara), todas las demás subordinadas.

Al arrastrar al físico el primer plano correspondiente a la iglesia de ÉFESO, chacra raíz, se integran las energías correspondientes al primer sub-plano de este plano Físico.

Notaréis como todas las chacras se activan vaciando al físico su contenido y posteriormente como todo el campo áurico se va integrando en el cuerpo, esto se nota simultáneamente por toda la piel, como calor, como si hubiésemos ido a la playa. QUE ASI SE ESCRIBA AHORA CON LETRAS DE FUEGO Y ASI SE CUMPLA.

MEDITACIONES ÁRBOL DE LA VIDA 10 SEFIROTH

Decimos REMEMORAR ejercicio para estar en el centro del corazón

HOD PRIMER NIVEL

DECRETO que todo lo que sigue, sea de inmediato cumplimiento.

QUE ASÍ SE ESCRIBA AHORA CON LETRAS DE FUEGO Y ASÍ SE CUMPLA.

TODOS LOS PECADOS O KARMA NEGATIVO INTERNO Y EXTERNO ES ANULADO AHORA. QUEDA LIMPIO. QUEDA SANADO.

Todos los Tapones energéticos, implantes, larvas astrales, entes, dispositivos de control, dispositivos de la Matrix o cualquier otro que impida la libre circulación de energías en nuestros cuerpos es retirado ahora.

La integración en el cuerpo físico de esta esfera vibracional correspondiente a la Séfira HOD, ubicada en la zona del hígado, la haremos en tres meditaciones, que abarcan los tonos vibracionales del 7 al 29.

Como todo ha de estar contenido en todo, la integración se realiza en cada una de las 10 séfiras.

Hoy hacemos la primera meditación de integración,

Para ello, DECRETO QUE.

Se integre en el físico todo que sigue AHORA.

1º- Siete tonos vibracionales en MALKUT - Perineo...

2º- Nueve tonos vibracionales en YESOD - Gónadas.

3º- Once tonos vibracionales en HOD - Hígado.

4º- Trece tonos vibracionales en NETZAH - Bazo-Páncreas.

5º- Quince tonos vibracionales en TIPHARET - Centro del Pecho.

6º- Diecisiete tonos vibracionales en - GEBURAD- Hombro derecho.

7°- Diecinueve tonos vibracionales en CHESED - Hombro izquierdo.

8°- Veintiuno tonos vibracionales en BINAH - Pituitaria derecha.

9°- Veintitrés tonos vibracionales en CHODMAH - Pituitaria izquierda.

10°- Veinticinco tonos vibracionales en KETHER- Pineal.

Con lo cual las integraciones correspondientes al primer nivel de HOD quedan efectuadas.

La integración en el físico de todos estos tonos vibracionales, dependiendo de las personas, puede tardar hasta un día aproximadamente en completarse.

DIA CINCO

Decimos: Activación Guantes de Atracción (ver índice).

Hacer ejercicio para estar en el centro del corazón (ver índice).

Oir audio o leer activación flujos energéticos detallado al principio.

Oir audio y/o leer Decreto erradicación Árbol de la Ciencia del Bien y del Mal.

Oir y/o leer **Segunda Iniciación.**

Segundo, plano Astral. PUERTA O DIA 3

ANTES DE EMPEZAR REPIRAR HONDO VARIAS VECES, RELAJARSE, PROCURAR NO SER MOLESTADO NI INTERRUMPIDO.

DECRETAMOS AHORA. Todos tus pecados registrados interna y externamente son perdonados, y el consiguiente karma anulado totalmente. QUEDA LIMPIO. QUEDA SANADO.

Es mi deseo que todos tus genes se regeneren en la perfección óptima.

Esto sólo ocurrirá si se está libre del consumo de sustancias como TABACO, ALCOHOL, CAFE, u otras DROGAS.

En este caso la anulación del Karma, sólo será efectiva en lo que se refiere a las particular atómicas negativas, depositadas en el campo áurico.

DECRETAMOS AHORA. Tapones, implantes, larvas astrales,

entes, dispositivos de control, dispositivos de la Matrix o cualquier otro que impida o limite la entrada de energías en sus cuerpos son retirados AHORA.

DECRETAMOS AHORA, la integración en el cuerpo físico del segundo plano de energías del campo áurico, iglesia principal SMIRNA (segund chacra- Svadhishthana), todas las demás subordinadas.

Al arrastrar al físico las energías correspondiente a la iglesia de Esmirna, plano Astral, se integran las energías del primer sub-plano del plano Astral, más las del segundo sub-plano del plano Físico.

QUE ASI SE ESCRIBA AHORA CON LETRAS DE FUEGO Y ASI SE CUMPLA.

MEDITACIONES ÁRBOL DE LA VIDA 10 SEFIROTH

Decimos REMEMORAR ejercicio para estar en el centro del corazón

HOD SEGUNDO NIVEL

DECRETO que todo lo que sigue, sea de inmediato cumplimiento.

QUE ASÍ SE ESCRIBA AHORA CON LETRAS DE FUEGO Y ASÍ SE CUMPLA.

TODOS LOS PECADOS O KARMA NEGATIVO INTERNO Y EXTERNO ES ANULADO AHORA. QUEDA LIMPIO. QUEDA SANADO.

Todos los Tapones energéticos, implantes, larvas astrales, entes, dispositivos de control, dispositivos de la Matrix o cualquier otro que impida la libre circulación de energías en nuestros cuerpos es retirado ahora.

La integración en el cuerpo físico de esta esfera vibracional

correspondiente a la Séfira HOD, ubicada en la zona del hígado, la haremos en tres meditaciones, que abarcan los tonos vibracionales del 7 al 29.

Como todo ha de estar contenido en todo, la integración se realiza en cada una de las 10 séfiras.

Hoy hacemos la segunda meditación de integración,

Para ello,

DECRETO QUE.

Se integre en el físico todo que sigue AHORA.

1º- Nueve tonos vibracionales en MALKUT – Perineo

2º- Once tonos vibracionales en YESOD - Gónadas.

3º- Trece tonos vibracionales en HOD - Hígado.

4º- Quince tonos vibracionales en NETZAH - Bazo-Páncreas.

5º- Diecisiete tonos vibracionales en TIPHARET - Centro del Pecho.

6º- Diecinueve tonos vibracionales en - GEBURAD- Hombro derecho.

7º- Veintiuno tonos vibracionales en CHESED - Hombro izquierdo.

8º- Veintitrés tonos vibracionales en BINAH - Pituitaria derecha.

9º- Veinticinco tonos vibracionales en CHODMAH - Pituitaria izquierda.

10º- Veintisiete tonos vibracionales en KETHER- Pineal.

Con lo cual las integraciones correspondientes al segundo

nivel de HOD quedan efectuadas.

La integración en el físico de todos estos tonos vibracionales, dependiendo de las personas, puede tardar hasta un día aproximadamente en completarse.

DIA SEIS

Decimos: Activación Guantes de Atracción (ver índice).

Hacer ejercicio para estar en el centro del corazón (ver índice).

Oir audio o leer activación flujos energéticos detallados al principio.

Oir audio y/o leer 4 veces Decreto Erradicación Árbol de la Ciencia del Bien y del Mal.

Oir audio y/o leer **2° iniciación** como sigue:

Segundo, plano Astral. PUERTA O DIA 3

ANTES DE EMPEZAR REPIRAR HONDO VARIAS VECES, RELAJARSE, PROCURAR NO SER MOLESTADO NI INTERRUMPIDO.

DECRETAMOS AHORA. Todos tus pecados registrados interna y externamente son perdonados, y el consiguiente karma anulado totalmente. QUEDA LIMPIO. QUEDA SANADO.

Es mi deseo que todos tus genes se regeneren en la perfección óptima.

Esto sólo ocurrirá si se está libre del consumo de sustancias como TABACO, ALCOHOL, CAFE, u otras DROGAS.

En este caso la anulación del Karma, sólo será efectiva en lo que se refiere a las particular atómicas negativas, depositadas en el campo áurico.

DECRETAMOS AHORA. Tapones, implantes, larvas astrales,

entes, dispositivos de control, dispositivos de la Matrix o cualquier otro que impida o limite la entrada de energías en sus cuerpos son retirados AHORA.

DECRETAMOS AHORA, la integración en el cuerpo físico del segundo plano de energías del campo áurico, iglesia principal SMIRNA (segund chacra- Svadhishthana), todas las demás subordinadas.

Al arrastrar al físico las energías correspondiente a la iglesia de Esmirna, plano Astral, se integran las energías del primer sub-plano del plano Astral, más las del segundo sub-plano del plano Físico.

QUE ASI SE ESCRIBA AHORA CON LETRAS DE FUEGO Y ASI SE CUMPLA.

MEDITACIONES ÁRBOL DE LA VIDA 10 SEFIROTH

Decimos REMEMORAR ejercicio para estar en el centro del corazón

HOD TERCER NIVEL

DECRETO que todo lo que sigue, sea de inmediato cumplimiento.

QUE ASÍ SE ESCRIBA AHORA CON LETRAS DE FUEGO Y ASÍ SE CUMPLA.

TODOS LOS PECADOS O KARMA NEGATIVO INTERNO Y EXTERNO ES ANULADO AHORA. QUEDA LIMPIO. QUEDA SANADO.

Todos los Tapones energéticos, implantes, larvas astrales, entes, dispositivos de control, dispositivos de la Matrix o cualquier otro que impida la libre circulación de energías en nuestros cuerpos es retirado ahora.

La integración en el cuerpo físico de esta esfera vibracional

correspondiente a la Séfira HOD, ubicada en la zona del hígado, la haremos en tres meditaciones, que abarcan los tonos vibracionales del 7 al 29.

Como todo ha de estar contenido en todo, la integración se realiza en cada una de las 10 séfiras.

Hoy hacemos la tercera meditación de integración,

Para ello, DECRETO QUE.

Se integre en el físico todo que sigue AHORA.

1°- Once tonos vibracionales en MALKUT – Perineo

2°- Trece tonos vibracionales en YESOD - Gónadas.

3°- Quince tonos vibracionales en HOD - Hígado.

4°- Diecisiete tonos vibracionales en NETZACH - Bazo-Páncreas.

5°- Diecinueve tonos vibracionales en TIPHARET - Centro del Pecho.

6°- Veintiuno tonos vibracionales en - GEBURAD- Hombro derecho.

7°- Veintitrés tonos vibracionales en CHESED - Hombro izquierdo.

8°- Veinticinco tonos vibracionales en BINAH - Pituitaria derecha.

9°- Veintisiete tonos vibracionales en CHOKMAH - Pituitaria izquierda.

10°- Veintinueve tonos vibracionales en KETHER- Pineal.

Con lo cual las integraciones correspondientes al tercer nivel de HOD quedan efectuadas.

Hecho esto, la Séfira HOD (Elohim Tzabaoth, El Dios de las Huestes) se integra ahora totalmente en su lugar físico, zona de hígado, y la cantidad de tonos vibracionales que le corresponden en las demás séfiras.

Notad ahora como desciende un Árbol de la Vida, con todas sus séfiras, notándose Hod resaltada, ya que está completa.

La integración en el físico de todos estos tonos vibracionales, dependiendo de las personas, puede tardar hasta un día aproximadamente en completarse.

DIA SIETE

Decimos: Activación Guantes de Atracción (ver índice).

Hacer ejercicio para estar en el centro del corazón (ver índice).

Oir audio o leer activación flujos energéticos detallado al principio.

Oir audio y/o leer Decreto erradicación Árbol de la Ciencia del Bien y del Mal.

Oir y/o leer la **Tercera Iniciación** como sigue.

Tercero, plano Mental. PUERTA O DIA 6

ANTES DE EMPEZAR REPIRAR HONDO VARIAS VECES, RELAJARSE, PROCURAR NO SER MOLESTADO NI INTERRUMPIDO.

DECRETAMOS AHORA. Todos tus pecados registrados interna y externamente son perdonados, y el consiguiente karma anulado totalmente. QUEDA LIMPIO. QUEDA SANADO.

Es mi deseo que todos tus genes se regeneren en la perfección óptima.

Esto sólo ocurrirá si se está libre del consumo de sustancias como TABACO, ALCOHOL, CAFE, u otras DROGAS.

En este caso la anulación del Karma, sólo será efectiva en lo que se refiere a las partículas atómicas negativas, depositadas en el campo áurico.

DECRETAMOS AHORA. Tapones, implantes, larvas astrales,

entes, dispositivos de control, dispositivos de la Matrix o cualquier otro que impida o limite la entrada de energías en sus cuerpos son retirados AHORA.

DECRETAMOS AHORA la integración en el cuerpo físico del tercer plano de energías del campo áurico, iglesia principal PERGAMO (tercer chacra- Manipura), todas las demás subordinadas.

Al arrastrar al físico las energías correspondiente a la iglesia de Pérgamo, Plano Mental, se integran las del primer sub-plano del Mental, las del segundo del Astral y las del tercero del Físico.

QUE ASI SE ESCRIBA AHORA CON LETRAS DE FUEGO Y ASI SE CUMPLA.

MEDITACIONES ÁRBOL DE LA VIDA 10 SEFIROTH

Decimos REMEMORAR ejercicio para estar en el centro del corazón

NETZACH PRIMER NIVEL

DECRETO que todo lo que sigue, sea de inmediato cumplimiento.

QUE ASÍ SE ESCRIBA AHORA CON LETRAS DE FUEGO Y ASÍ SE CUMPLA.

TODOS LOS PECADOS O KARMA NEGATIVO INTERNO Y EXTERNO ES ANULADO AHORA. QUEDA LIMPIO. QUEDA SANADO.

Todos los Tapones energéticos, implantes, larvas astrales, entes, dispositivos de control, dispositivos de la Matrix o cualquier otro que impida la libre circulación de energías en nuestros cuerpos es retirado ahora.

La integración en el cuerpo físico de esta esfera vibracional

correspondiente a Séfira NETZACH, ubicada en la zona del Bazo-Páncreas, la haremos en cuatro meditaciones, que abarcan los tonos vibracionales del 13 al 37.

Como todo ha de estar contenido en todo, la integración se realiza en cada una de las 10 séfiras.

Hoy hacemos la primera meditación de integración,

Para ello, DECRETO QUE.

Se integre en el físico todo que sigue AHORA.

1º- Trece tonos vibracionales en MALKUT - Perineo

2º- Quince tonos vibracionales en YESOD - Gónadas.

3º- Diecisiete tonos vibracionales en HOD - Hígado.

4º- Diecinueve tonos vibracionales en NETZACH - Bazo-Páncreas.

5º- Veintiuno tonos vibracionales en TIPHARET - Centro del Pecho.

6º- Veintitrés tonos vibracionales en - GEBURAD- Hombro derecho.

7º- Veinticinco tonos vibracionales en CHESED - Hombro izquierdo.

8º- Veintisiete tonos vibracionales en BINAH - Pituitaria derecha.

9º- Veintinueve tonos vibracionales en CHOKMAH - Pituitaria izquierda.

10º- Treinta y uno tonos vibracionales en KETHER- Pineal.

Con lo cual las integraciones correspondientes al primer nivel de NETZACH quedan efectuadas.

La integración en el físico de todos estos tonos vibracionales, dependiendo de las personas, puede tardar hasta un día aproximadamente en completarse.

DIA OCHO

Decimos: Activación Guantes de Atracción (ver índice).

Hacer ejercicio para estar en el centro del corazón (ver índice).

Oir audio o leer activación flujos energéticos detallado al principio.

Oir audio y/o leer Decreto erradicación Árbol de la Ciencia del Bien y del Mal.

Oir y/o leer la **Tercera Iniciación** como sigue.

Tercero, plano Mental. PUERTA O DIA 6

ANTES DE EMPEZAR REPIRAR HONDO VARIAS VECES, RELAJARSE, PROCURAR NO SER MOLESTADO NI INTERRUMPIDO.

DECRETAMOS AHORA. Todos tus pecados registrados interna y externamente son perdonados, y el consiguiente karma anulado totalmente. QUEDA LIMPIO. QUEDA SANADO.

Es mi deseo que todos tus genes se regeneren en la perfección óptima.

Esto sólo ocurrirá si se está libre del consumo de sustancias como TABACO, ALCOHOL, CAFE, u otras DROGAS.

En este caso la anulación del Karma, sólo será efectiva en lo que se refiere a las partículas atómicas negativas, depositadas en el campo áurico.

DECRETAMOS AHORA. Tapones, implantes, larvas astrales,

entes, dispositivos de control, dispositivos de la Matrix o cualquier otro que impida o limite la entrada de energías en sus cuerpos son retirados AHORA.

DECRETAMOS AHORA la integración en el cuerpo físico del tercer plano de energías del campo áurico, iglesia principal PERGAMO (tercer chacra- Manipura), todas las demás subordinadas.

Al arrastrar al físico las energías correspondiente a la iglesia de Pérgamo, Plano Mental, se integran las del primer sub-plano del Mental, las del segundo del Astral y las del tercero del Físico.

QUE ASI SE ESCRIBA AHORA CON LETRAS DE FUEGO Y ASI SE CUMPLA.

MEDITACIONES ÁRBOL DE LA VIDA 10 SEFIROTH

Decimos REMEMORAR ejercicio para estar en el centro del corazón

NETZACH SEGUNDO NIVEL

DECRETO que todo lo que sigue, sea de inmediato cumplimiento.

QUE ASÍ SE ESCRIBA AHORA CON LETRAS DE FUEGO Y ASÍ SE CUMPLA.

TODOS LOS PECADOS O KARMA NEGATIVO INTERNO Y EXTERNO ES ANULADO AHORA. QUEDA LIMPIO. QUEDA SANADO.

Todos los Tapones energéticos, implantes, larvas astrales, entes, dispositivos de control, dispositivos de la Matrix o cualquier otro que impida la libre circulación de energías en nuestros cuerpos es retirado ahora.

La integración en el cuerpo físico de esta esfera vibracional

correspondiente a la Séfira NETZACH, ubicada en la zona del Bazo-Páncreas, la haremos en cuatro meditaciones, que abarcan los tonos vibracionales del 13 al 37.

Como todo ha de estar contenido en todo, la integración se realiza en cada una de las 10 séfiras.

Hoy hacemos la segunda meditación de integración,

Para ello, DECRETO QUE.

Se integre en el físico todo que sigue AHORA.

1º- Quince tonos vibracionales en MALKUT - Perineo...

2º- Diecisiete tonos vibracionales en YESOD - Gónadas.

3º- Diecinueve tonos vibracionales en HOD - Hígado.

4º- Veintiuno tonos vibracionales en NETZACH - Bazo-Páncreas.

5º- Veintitrés tonos vibracionales en TIPHARET - Centro del Pecho.

6º- Veinticinco tonos vibracionales en - GEBURAD- Hombro derecho.

7º- Veintisiete tonos vibracionales en CHESED - Hombro izquierdo.

8º- Veintinueve tonos vibracionales en BINAH - Pituitaria derecha.

9º- Treinta y uno tonos vibracionales en CHOKMAH - Pituitaria izquierda.

10º- Treinta y tres tonos vibracionales en KETHER- Pineal.

Con lo cual las integraciones correspondientes al segundo nivel de NETZACH quedan efectuadas.

La integración en el físico de todos estos tonos vibracionales, dependiendo de las personas, puede tardar hasta un día aproximadamente en completarse.

DIA NUEVE

Decimos: Activación Guantes de Atracción (ver índice).

Hacer ejercicio para estar en el centro del corazón (ver índice).

Oir audio o leer activación flujos energéticos detallados al principio.

Oir audio y/o leer 4 veces Decreto Erradicación Árbol de la Ciencia del Bien y del Mal.

Oir audio y/o leer **Tercera Iniciación** como sigue:

Tercero, plano Mental. PUERTA O DIA 6

ANTES DE EMPEZAR REPIRAR HONDO VARIAS VECES, RELAJARSE, PROCURAR NO SER MOLESTADO NI INTERRUMPIDO.

DECRETAMOS AHORA. Todos tus pecados registrados interna y externamente son perdonados, y el consiguiente karma anulado totalmente. QUEDA LIMPIO. QUEDA SANADO.

Es mi deseo que todos tus genes se regeneren en la perfección óptima.

Esto sólo ocurrirá si se está libre del consumo de sustancias como TABACO, ALCOHOL, CAFE, u otras DROGAS.

En este caso la anulación del Karma, sólo será efectiva en lo que se refiere a las partículas atómicas negativas, depositadas en el campo áurico.

DECRETAMOS AHORA. Tapones, implantes, larvas astrales,

entes, dispositivos de control, dispositivos de la Matrix o cualquier otro que impida o limite la entrada de energías en sus cuerpos son retirados AHORA.

DECRETAMOS AHORA la integración en el cuerpo físico del tercer plano de energías del campo áurico, iglesia principal PERGAMO (tercer chacra- Manipura), todas las demás subordinadas.

Al arrastrar al físico las energías correspondiente a la iglesia de Pérgamo, Plano Mental, se integran las del primer sub-plano del Mental, las del segundo del Astral y las del tercero del Físico.

QUE ASI SE ESCRIBA AHORA CON LETRAS DE FUEGO Y ASI SE CUMPLA.

MEDITACIONES ÁRBOL DE LA VIDA 10 SEFIROTH

Decimos REMEMORAR ejercicio para estar en el centro del corazón

NETZACH TERCER NIVEL

DECRETO que todo lo que sigue, sea de inmediato cumplimiento.

QUE ASÍ SE ESCRIBA AHORA CON LETRAS DE FUEGO Y ASÍ SE CUMPLA.

TODOS LOS PECADOS O KARMA NEGATIVO INTERNO Y EXTERNO ES ANULADO AHORA. QUEDA LIMPIO. QUEDA SANADO.

Todos los Tapones energéticos, implantes, larvas astrales, entes, dispositivos de control, dispositivos de la Matrix o cualquier otro que impida la libre circulación de energías en nuestros cuerpos es retirado ahora.

La integración en el cuerpo físico de esta esfera vibracional

correspondiente a la Séfira NETZACH, ubicada en la zona del Bazo-Páncreas, la haremos en cuatro meditaciones, que abarcan los tonos vibracionales del 13 al 37.

Como todo ha de estar contenido en todo, la integración se realiza en cada una de las 10 séfiras.

Hoy hacemos la tercera meditación de integración,

Para ello, DECRETO QUE.

Se integre en el físico todo que sigue AHORA.

1º- Diecisiete tonos vibracionales en MALKUT - Perineo...

2º- Diecinueve tonos vibracionales en YESOD - Gónadas.

3º- Veintiuno tonos vibracionales en HOD - Hígado.

4º- Veintitrés tonos vibracionales en NETZACH - Bazo-Páncreas.

5º- Veinticinco tonos vibracionales en TIPHARET - Centro del Pecho.

6º- Veintisiete tonos vibracionales en - GEBURAD- Hombro derecho.

7º- Veintinueve tonos vibracionales en CHESED - Hombro izquierdo.

8º- Treinta y uno tonos vibracionales en BINAH - Pituitaria derecha.

9º- Treinta y tres tonos vibracionales en CHOKMAH - Pituitaria izquierda.

10º- Treinta y cinco tonos vibracionales en KETHER- Pineal.

Con lo cual las integraciones correspondientes al tercer nivel de NETZACH quedan efectuadas.

La integración en el físico de todos estos tonos vibracionales, dependiendo de las personas, puede tardar hasta un día aproximadamente en completarse.

DIA DIEZ

Decimos: Activación Guantes de Atracción (ver índice).

Hacer ejercicio para estar en el centro del corazón (ver índice).

Oir audio o leer activación flujos energéticos detallados al principio.

Oir audio y/o leer 4 veces Decreto Erradicación Árbol de la Ciencia del Bien y del Mal.

Oir audio y/o leer **Tercera Iniciación** como sigue:

Tercero, plano Mental. PUERTA O DIA 6

ANTES DE EMPEZAR REPIRAR HONDO VARIAS VECES, RELAJARSE, PROCURAR NO SER MOLESTADO NI INTERRUMPIDO.

DECRETAMOS AHORA. Todos tus pecados registrados interna y externamente son perdonados, y el consiguiente karma anulado totalmente. QUEDA LIMPIO. QUEDA SANADO.

Es mi deseo que todos tus genes se regeneren en la perfección óptima.

Esto sólo ocurrirá si se está libre del consumo de sustancias como TABACO, ALCOHOL, CAFE, u otras DROGAS.

En este caso la anulación del Karma, sólo será efectiva en lo que se refiere a las partículas atómicas negativas, depositadas en el campo áurico.

DECRETAMOS AHORA. Tapones, implantes, larvas astrales,

entes, dispositivos de control, dispositivos de la Matrix o cualquier otro que impida o limite la entrada de energías en sus cuerpos son retirados AHORA.

DECRETAMOS AHORA la integración en el cuerpo físico del tercer plano de energías del campo áurico, iglesia principal PERGAMO (tercer chacra- Manipura), todas las demás subordinadas.

Al arrastrar al físico las energías correspondiente a la iglesia de Pérgamo, Plano Mental, se integran las del primer sub-plano del Mental, las del segundo del Astral y las del tercero del Físico.

QUE ASI SE ESCRIBA AHORA CON LETRAS DE FUEGO Y ASI SE CUMPLA.

MEDITACIONES ÁRBOL DE LA VIDA 10 SEFIROTH

Decimos REMEMORAR ejercicio para estar en el centro del corazón

NETZACH CUARTO NIVEL

DECRETO que todo lo que sigue, sea de inmediato cumplimiento.

QUE ASÍ SE ESCRIBA AHORA CON LETRAS DE FUEGO Y ASÍ SE CUMPLA.

TODOS LOS PECADOS O KARMA NEGATIVO INTERNO Y EXTERNO ES ANULADO AHORA. QUEDA LIMPIO. QUEDA SANADO.

Todos los Tapones energéticos, implantes, larvas astrales, entes, dispositivos de control, dispositivos de la Matrix o cualquier otro que impida la libre circulación de energías en nuestros cuerpos es retirado ahora.

La integración en el cuerpo físico de esta esfera vibracional

correspondiente a la Séfira NETZACH, ubicada en la zona del bazo-páncreas, la haremos en cuatro meditaciones, que abarcan los tonos vibracionales del 13 al 37.

Como todo ha de estar contenido en todo, la integración se realiza en cada una de las 10 séfiras.

Hoy hacemos la cuarta meditación de integración,

Para ello, DECRETO QUE.

Se integre en el físico todo que sigue AHORA.

1º- Diecinueve tonos vibracionales en MALKUT - Perineo...

2º- Veintiuno tonos vibracionales en YESOD - Gónadas.

3º- Veintitrés tonos vibracionales en HOD - Hígado.

4º- Veinticinco tonos vibracionales en NETZACH - Bazo-Páncreas.

5º- Veintisiete tonos vibracionales en TIPHARET - Centro del Pecho.

6º- Veintinueve tonos vibracionales en - GEBURAD- Hombro derecho.

7º- Treinta y uno tonos vibracionales en CHESED - Hombro izquierdo.

8º- Treinta y tres tonos vibracionales en BINAH - Pituitaria derecha.

9º- Treinta y cinco tonos vibracionales en CHOKMAH - Pituitaria izquierda.

10º- Treinta y siete tonos vibracionales en KETHER- Pineal.

Con lo cual las integraciones correspondientes al cuarto nivel de NETZACH quedan efectuadas.

Hecho esto, la Séfira NETZACH (Y.H.V.H. TZABAOTH. "El Señor de las huestes") se integra ahora totalmente en su lugar físico, zona del Bazo-Páncreas, y la cantidad de tonos vibracionales que le corresponden en las demás séfiras.

Notad ahora como desciende un Árbol de la Vida, con todas sus séfiras, notándose Netzach resaltada, ya que está completa.

La integración en el físico de todos estos tonos vibracionales, dependiendo de las personas, puede tardar hasta un día aproximadamente en completarse.

DIA ONCE

Decimos: Activación Guantes de Atracción (ver índice).

Hacer ejercicio para estar en el centro del corazón (ver índice).

Oir audio o leer activación flujos energéticos detallados al principio.

Oir audio y/o leer 4 veces Decreto Erradicación Árbol de la Ciencia del Bien y del Mal.

Oir audio y/o leer **Cuarta Iniciación** como sigue:

LA CUARTA INICIACION NO SE PUEDE HACER SI SE CONSUMEN SUSTANCIAS COMO TABACO, ALCOHOL, CAFE, U OTRAS DROGAS.

POR LO TANTO NO SEGUIR SI SE CONSUMEN ESTOS PRODUCTOS.

COMO AYUDA EXTRA PARA ERRADICARLOS LEER LO SIGUIENTE REPETIDAS VECES, Y ESCUCHAR EL AUDIO QUE SE ADJUNTO 30 MINUTOS SEGUIDOS. NO IMPORTA SI NO SE ENTIENDE LA VIBRACION ESTA EN LA VOZ.

DECRETO SOBRE EL TABACO ALCOHOL CAFE Y OTRAS DROGAS.

YO SOY LO QUE SOY, SAMESHING, ABRAXAS JMG, OMNINOMBRE

DECRETAMOS AHORA

QUE LOS SINTOMAS DESAGRADABLES EN TU ORGANISMO PRODUCIDOS POR LA ABSTINENCIA

DE TABACO, ALCOHOL, CAFE Y OTRAS DROGAS SE REDUZCAN VERTIGINOSAMENTE HASTA SU TOTAL DESAPARICION.

Y CONFORME LO LEES U OYES OCURRE.

QUE ASI SE ESCRIBA AHORA CON LETRAS DE FUEGO Y ASI SE CUMPLA.

Hay otro audio que se puede descargar libremente para la erradicación de estos hábitos en nuestra web.

http://www.metodopempenides.com/spip/spip.php?article9

UNA VEZ ERRADICADO EL HÁBITO SEGUIR CON:

Cuarto, plano Búdico. PUERTA O DIA 10

ANTES DE EMPEZAR REPIRAR HONDO VARIAS VECES, RELAJARSE, PROCURAR NO SER MOLESTADO NI INTERRUMPIDO.

DECRETAMOS AHORA. Todos tus pecados registrados interna y externamente son perdonados, y el consiguiente karma anulado totalmente. QUEDA LIMPIO. QUEDA SANADO.

Es mi deseo que todos tus genes se regeneren en la perfección óptima.

DECRETAMOS AHORA. Tapones, implantes, larvas astrales, entes, dispositivos de control, dispositivos de la Matrix o cualquier otro que impida o limite la entrada de energías en sus cuerpos son retirados AHORA.

DECRETAMOS AHORA, la integración en el cuerpo físico del cuarto plano de energías del campo áurico. Iglesia principal TIATIRA (cuarto chacra- Anahata), todas las demás subordinadas

Al arrastrar al físico las energías correspondiente a la iglesia de Tiatira, plano Búdico, se integran las energías del primer sub-plano de este cuarto plano, más las del segundo del Mental, tercero del Astral y cuarto del Físico.

DECRETAMOS AHORA, la disolución y eliminación de los condicionantes emocionales perjudiciales, éstos son las enseñanzas erróneas que hemos recibido en la infancia e incluso en otras vidas que nos hacen reaccionar de un modo casi instantáneo ante cualquier situación.

QUE ASI SE ESCRIBA AHORA CON LETRAS DE FUEGO Y ASI SE CUMPLA.

El trabajo con los Guantes de Repulsión se debería hacer a partir de ahora si no lo está haciendo ya. Para activarlos y desactivarlos ver en página 59.

MEDITACIONES ÁRBOL DE LA VIDA 10 SEFIROTH

Decimos REMEMORAR ejercicio para estar en el centro del corazón

TIPHARET PRIMER NIVEL

DECRETO que todo lo que sigue, sea de inmediato cumplimiento.

QUE ASÍ SE ESCRIBA AHORA CON LETRAS DE FUEGO Y ASÍ SE CUMPLA.

TODOS LOS PECADOS O KARMA NEGATIVO INTERNO Y EXTERNO ES ANULADO AHORA. QUEDA LIMPIO. QUEDA SANADO.

Todos los Tapones energéticos, implantes, larvas astrales,

entes, dispositivos de control, dispositivos de la Matrix o cualquier otro que impida la libre circulación de energías en nuestros cuerpos es retirado ahora.

La integración en el cuerpo físico de esta esfera vibracional correspondiente a la Séfira TIPHARET, ubicada en la zona del centro del pecho, la haremos en cinco meditaciones, que abarcan los tonos vibracionales del 21 al 47.

Como todo ha de estar contenido en todo, la integración se realiza en cada una de las 10 séfiras.

Hoy hacemos la primera meditación de integración,

Para ello, DECRETO QUE.

Se integre en el físico todo que sigue AHORA.

1º- Veintiuno tonos vibracionales en MALKUT - Perineo...

2º- Veintitrés tonos vibracionales en YESOD - Gónadas.

3º- Veinticinco tonos vibracionales en HOD - Hígado.

4º- Veintisiete tonos vibracionales en NETZAH - Bazo-Páncreas.

5º- Veintinueve tonos vibracionales en TIPHARET - Centro del Pecho.

6º- Treinta y uno tonos vibracionales en - GEBURAD- Hombro derecho.

7º- Treinta y tres tonos vibracionales en CHESED - Hombro izquierdo.

8º- Treinta y cinco tonos vibracionales en BINAH - Pituitaria derecha.

9º- Treinta y siete tonos vibracionales en CHODMAH - Pituitaria izquierda.

10°- Treinta y nueve tonos vibracionales en KETHER- Pineal.

Con lo cual las integraciones correspondientes al primer nivel de TIPHARET quedan efectuadas.

La integración en el físico de todos estos tonos vibracionales, dependiendo de las personas, puede tardar hasta un día aproximadamente en completarse.

DIA DOCE

Decimos: Activación Guantes de Atracción (ver índice).

Hacer ejercicio para estar en el centro del corazón (ver índice).

Oir audio o leer activación flujos energéticos detallados al principio.

Oir audio y/o leer 4 veces Decreto Erradicación Árbol de la Ciencia del Bien y del Mal.

Oir audio y/o leer **Cuarta Iniciación** como sigue:

Cuarto, plano Búdico. PUERTA O DIA 10

ANTES DE EMPEZAR REPIRAR HONDO VARIAS VECES, RELAJARSE, PROCURAR NO SER MOLESTADO NI INTERRUMPIDO.

DECRETAMOS AHORA. Todos tus pecados registrados interna y externamente son perdonados, y el consiguiente karma anulado totalmente. QUEDA LIMPIO. QUEDA SANADO.

Es mi deseo que todos tus genes se regeneren en la perfección óptima.

DECRETAMOS AHORA. Tapones, implantes, larvas astrales, entes, dispositivos de control, dispositivos de la Matrix o cualquier otro que impida o limite la entrada de energías en sus cuerpos son retirados AHORA.

DECRETAMOS AHORA, la integración en el cuerpo físico del cuarto plano de energías del campo áurico. Iglesia principal TIATIRA (cuarto chacra- Anahata), todas las demás subordinadas

Al arrastrar al físico las energías correspondiente a la iglesia de Tiatira, plano Búdico, se integran las energías del primer sub-plano de este cuarto plano, más las del segundo del Mental, tercero del Astral y cuarto del Físico.

DECRETAMOS AHORA, la disolución y eliminación de los condicionantes emocionales perjudiciales, éstos son las enseñanzas erróneas que hemos recibido en la infancia e incluso en otras vidas que nos hacen reaccionar de un modo casi instantáneo ante cualquier situación.

QUE ASI SE ESCRIBA AHORA CON LETRAS DE FUEGO Y ASI SE CUMPLA.

MEDITACIONES ÁRBOL DE LA VIDA 10 SEFIROTH

Decimos REMEMORAR ejercicio para estar en el centro del corazón

TIPHARET SEGUNDO NIVEL

DECRETO que todo lo que sigue, sea de inmediato cumplimiento.

QUE ASÍ SE ESCRIBA AHORA CON LETRAS DE FUEGO Y ASÍ SE CUMPLA.

TODOS LOS PECADOS O KARMA NEGATIVO INTERNO Y EXTERNO ES ANULADO AHORA. QUEDA LIMPIO. QUEDA SANADO.

Todos los Tapones energéticos, implantes, larvas astrales, entes, dispositivos de control, dispositivos de la Matrix o cualquier otro que impida la libre circulación de energías en nuestros cuerpos es retirado ahora.

La integración en el cuerpo físico de esta esfera vibracional correspondiente a la Séfira TIPHARET, ubicada en la zona del centro del pecho, la haremos en cinco meditaciones, que abarcan los tonos vibracionales del 21 al 47.

Como todo ha de estar contenido en todo, la integración se realiza en cada una de las 10 séfiras.

Hoy hacemos la segunda meditación de integración,

Para ello, DECRETO QUE.

Se integre en el físico todo que sigue AHORA.

1°- Veintitrés tonos vibracionales en MALKUT - Perineo...

2°- Veinticinco tonos vibracionales en YESOD - Gónadas.

3°- Veintisiete tonos vibracionales en HOD - Hígado.

4°- Veintinueve tonos vibracionales en NETZACH - Bazo-Páncreas.

5°- Treinta y uno tonos vibracionales en TIPHARET - Centro del Pecho.

6°- Treinta y tres tonos vibracionales en - GEBURAD- Hombro derecho.

7°- Treinta y cinco tonos vibracionales en CHESED - Hombro izquierdo.

8°- Treinta y siete tonos vibracionales en BINAH - Pituitaria derecha.

9°- Treinta y nueve tonos vibracionales en CHODMAH - Pituitaria izquierda.

10°- Cuarenta y uno tonos vibracionales en KETHER- Pineal.

Con lo cual las integraciones correspondientes al segundo nivel de TIPHARET quedan efectuadas.

La integración en el físico de todos estos tonos vibracionales, dependiendo de las personas, puede tardar hasta un día aproximadamente en completarse.

DIA TRECE

Decimos: Activación Guantes de Atracción (ver índice).

Hacer ejercicio para estar en el centro del corazón (ver índice).

Oir audio o leer activación flujos energéticos detallados al principio.

Oir audio y/o leer 4 veces Decreto Erradicación Árbol de la Ciencia del Bien y del Mal.

Oir audio y/o leer **Cuarta Iniciación** como sigue:

Cuarto, plano Búdico. PUERTA O DIA 10

ANTES DE EMPEZAR REPIRAR HONDO VARIAS VECES, RELAJARSE, PROCURAR NO SER MOLESTADO NI INTERRUMPIDO.

DECRETAMOS AHORA. Todos tus pecados registrados interna y externamente son perdonados, y el consiguiente karma anulado totalmente. QUEDA LIMPIO. QUEDA SANADO.

Es mi deseo que todos tus genes se regeneren en la perfección óptima.

DECRETAMOS AHORA. Tapones, implantes, larvas astrales, entes, dispositivos de control, dispositivos de la Matrix o cualquier otro que impida o limite la entrada de energías en sus cuerpos son retirados AHORA.

DECRETAMOS AHORA, la integración en el cuerpo físico del cuarto plano de energías del campo áurico. Iglesia principal TIATIRA (cuarto chacra- Anahata), todas las demás subordinadas

Al arrastrar al físico las energías correspondiente a la iglesia de Tiatira, plano Búdico, se integran las energías del primer sub-plano de este cuarto plano, más las del segundo del Mental, tercero del Astral y cuarto del Físico.

DECRETAMOS AHORA, la disolución y eliminación de los condicionantes emocionales perjudiciales, éstos son las enseñanzas erróneas que hemos recibido en la infancia e incluso en otras vidas que nos hacen reaccionar de un modo casi instantáneo ante cualquier situación.

QUE ASI SE ESCRIBA AHORA CON LETRAS DE FUEGO Y ASI SE CUMPLA.

MEDITACIONES ÁRBOL DE LA VIDA 10 SEFIROTH

Decimos REMEMORAR ejercicio para estar en el centro del corazón

TIPHARET TERCER NIVEL

DECRETO que todo lo que sigue, sea de inmediato cumplimiento.

QUE ASÍ SE ESCRIBA AHORA CON LETRAS DE FUEGO Y ASÍ SE CUMPLA.

TODOS LOS PECADOS O KARMA NEGATIVO INTERNO Y EXTERNO ES ANULADO AHORA. QUEDA LIMPIO. QUEDA SANADO.

Todos los Tapones energéticos, implantes, larvas astrales, entes, dispositivos de control, dispositivos de la Matrix o cualquier otro que impida la libre circulación de energías en nuestros cuerpos es retirado ahora.

La integración en el cuerpo físico de esta esfera vibracional correspondiente a la Séfira TIPHARET, ubicada en la zona del centro del pecho, la haremos en cinco meditaciones, que abarcan los tonos vibracionales del 21 al 47.

Como todo ha de estar contenido en todo, la integración se realiza en cada una de las 10 séfiras.

Hoy hacemos la tercera meditación de integración,

Para ello,

DECRETO QUE.

Se integre en el físico todo que sigue AHORA.

1º- Veinticinco tonos vibracionales en MALKUT – Perineo

2º- Veintisiete tonos vibracionales en YESOD - Gónadas.

3º- Veintinueve tonos vibracionales en HOD - Hígado.

4º- Treinta y uno tonos vibracionales en NETZACH - Bazo-Páncreas.

5º- Treinta y tres tonos vibracionales en TIPHARET - Centro del Pecho.

6º- Treinta y cinco tonos vibracionales en - GEBURAD-Hombro derecho.

7º- Treinta y siete tonos vibracionales en CHESED - Hombro izquierdo.

8º- Treinta y nueve tonos vibracionales en BINAH - Pituitaria derecha.

9º- Cuarenta y uno tonos vibracionales en CHOKMAH - Pituitaria izquierda.

10º- Cuarenta y tres tonos vibracionales en KETHER- Pineal.

Con lo cual las integraciones correspondientes al tercer nivel de TIPHARET quedan efectuadas.

La integración en el físico de todos estos tonos vibracionales, dependiendo de las personas, puede tardar hasta un día aproximadamente en completarse.

DIA CATORCE

Decimos: Activación Guantes de Atracción (ver índice).

Hacer ejercicio para estar en el centro del corazón (ver índice).

Oir audio o leer activación flujos energéticos detallados al principio.

Oir audio y/o leer 4 veces Decreto Erradicación Árbol de la Ciencia del Bien y del Mal.

Leer **Quinta Iniciación** como sigue:

Quinto. Plano ÁTMICO. PUERTA O DIA 15 ANTES DE EMPEZAR REPIRAR HONDO VARIAS VECES, RELAJARSE, PROCURAR NO SER MOLESTADO NI INTERRUMPIDO.

DECRETAMOS AHORA. Todos tus pecados registrados interna y externamente son perdonados, y el consiguiente karma anulado totalmente. QUEDA LIMPIO. QUEDA SANADO.

DECRETAMOS AHORA. Tapones, implantes, larvas astrales, entes, dispositivos de control, dispositivos de la Matrix o cualquier otro que impida o limite la entrada de energías en sus cuerpos son retirados AHORA.

DECRETAMOS AHORA, la integración en el cuerpo físico del quinto plano de energías del campo áurico, iglesia principal SARDES, (quinto chacra-Vishudda), todas las demás subordinadas

Al arrastrar al físico las energías correspondiente a la iglesia de Sardes, plano Átmico, se integran las energías del primer subplano de este quinto plano, más las del segundo del Búdico, tercero del Mental, cuarto del Astral y quinto del Físico.

ES NUESTRO DESEO QUE TU CUERPO CELULAR ERRADIQUE AHORA TODAS LAS ANOMALÍAS Y SE REGENERE VERTIGINOSAMENTE. QUE ASI SE ESCRIBA AHORA CON LETRAS DE FUEGO Y ASI SE CUMPLA

MEDITACIONES ÁRBOL DE LA VIDA 10 SEFIROTH

Decimos REMEMORAR ejercicio para estar en el centro del corazón

TIPHARET CUARTO NIVEL

DECRETO que todo lo que sigue, sea de inmediato cumplimiento.

QUE ASÍ SE ESCRIBA AHORA CON LETRAS DE FUEGO Y ASÍ SE CUMPLA.

TODOS LOS PECADOS O KARMA NEGATIVO INTERNO Y EXTERNO ES ANULADO AHORA. QUEDA LIMPIO. QUEDA SANADO.

Todos los Tapones energéticos, implantes, larvas astrales, entes, dispositivos de control, dispositivos de la Matrix o cualquier otro que impida la libre circulación de energías en nuestros cuerpos es retirado ahora.

La integración en el cuerpo físico de esta esfera vibracional correspondiente a la Séfira TIPHARET, ubicada en la zona del centro del pecho, la haremos en cinco meditaciones, que abarcan los tonos vibracionales del 21 al 47.

Como todo ha de estar contenido en todo, la integración se realiza en cada una de las 10 séfiras.

Hoy hacemos la cuarta meditación de integración,

Para ello, DECRETO QUE.

Se integre en el físico todo que sigue AHORA.

1º- Veintisiete tonos vibracionales en MALKUT - Perineo.

2º- Veintinueve tonos vibracionales en YESOD - Gónadas.

3º- Treinta y uno tonos vibracionales en HOD - Hígado.

4º- Treinta y tres tonos vibracionales en NETZACH - Bazo-Páncreas.

5º- Treinta y cinco tonos vibracionales en TIPHARET - Centro del Pecho.

6º- Treinta y siete tonos vibracionales en - GEBURAD- Hombro derecho.

7º- Treinta y nueve tonos vibracionales en CHESED - Hombro izquierdo.

8º- Cuarenta y uno tonos vibracionales en BINAH - Pituitaria derecha.

9º- Cuarenta y tres tonos vibracionales en CHOKMAH - Pituitaria izquierda.

10º- Cuarenta y cinco tonos vibracionales en KETHER-Pineal.

Con lo cual las integraciones correspondientes al cuarto nivel de TIPHARET quedan efectuadas.

La integración en el físico de todos estos tonos vibracionales, dependiendo de las personas, puede tardar hasta un día aproximadamente en completarse.

DIA QUINCE

Decimos: Activación Guantes de Atracción (ver índice).

Hacer ejercicio para estar en el centro del corazón (ver índice).

Oir audio o leer activación flujos energéticos detallados al principio.

Oir audio y/o leer 4 veces Decreto Erradicación Árbol de la Ciencia del Bien y del Mal.

Leer **Quinta Iniciación** como sigue:

Quinto. Plano ÁTMICO. PUERTA O DIA 15 ANTES DE EMPEZAR REPIRAR HONDO VARIAS VECES, RELAJARSE, PROCURAR NO SER MOLESTADO NI INTERRUMPIDO.

DECRETAMOS AHORA. Todos tus pecados registrados interna y externamente son perdonados, y el consiguiente karma anulado totalmente. QUEDA LIMPIO. QUEDA SANADO.

DECRETAMOS AHORA. Tapones, implantes, larvas astrales, entes, dispositivos de control, dispositivos de la Matrix o cualquier otro que impida o limite la entrada de energías en sus cuerpos son retirados AHORA.

DECRETAMOS AHORA, la integración en el cuerpo físico del quinto plano de energías del campo áurico, iglesia principal SARDES, (quinto chacra-Vishudda), todas las demás subordinadas

Al arrastrar al físico las energías correspondiente a la iglesia de Sardes, plano Átmico, se integran las energías del primer sub-plano de este quinto plano, más las del segundo del Búdico, tercero del Mental, cuarto del Astral y quinto del Físico.

ES NUESTRO DESEO QUE TU CUERPO CELULAR ERRADIQUE AHORA TODAS LAS ANOMALÍAS Y SE REGENERE VERTIGINOSAMENTE. QUE ASI SE ESCRIBA AHORA CON LETRAS DE FUEGO Y ASI SE CUMPLA

MEDITACIONES ÁRBOL DE LA VIDA 10 SEFIROTH

Decimos REMEMORAR ejercicio para estar en el centro del corazón

TIPHARET QUINTO NIVEL

DECRETO que todo lo que sigue, sea de inmediato cumplimiento.

QUE ASÍ SE ESCRIBA AHORA CON LETRAS DE FUEGO Y ASÍ SE CUMPLA.

TODOS LOS PECADOS O KARMA NEGATIVO INTERNO Y EXTERNO ES ANULADO AHORA. QUEDA LIMPIO. QUEDA SANADO.

Todos los Tapones energéticos, implantes, larvas astrales, entes, dispositivos de control, dispositivos de la Matrix o cualquier otro que impida la libre circulación de energías en nuestros cuerpos es retirado ahora.

La integración en el cuerpo físico de esta esfera vibracional correspondiente a la Séfira TIPHARET, ubicada en la zona del centro del pecho, la haremos en cinco meditaciones, que abarcan los tonos vibracionales del 21 al 47.

Como todo ha de estar contenido en todo, la integración se realiza en cada una de las 10 séfiras.

Hoy hacemos la quinta meditación de integración,

Para ello, DECRETO QUE.

Se integre en el físico todo que sigue AHORA.

1º- Veintinueve tonos vibracionales en MALKUT - Perineo.

2º- Treinta y uno tonos vibracionales en YESOD - Gónadas.

3º- Treinta y tres tonos vibracionales en HOD - Hígado.

4º- Treinta y cinco tonos vibracionales en NETZACH - Bazo-Páncreas.

5º- Treinta y siete tonos vibracionales en TIPHARET - Centro del Pecho.

6º- Treinta y nueve tonos vibracionales en - GEBURAD-Hombro derecho.

7º- Cuarenta y uno tonos vibracionales en CHESED - Hombro izquierdo.

8º- Cuarenta y tres tonos vibracionales en BINAH - Pituitaria derecha.

9º- Cuarenta y cinco tonos vibracionales en CHOKMAH - Pituitaria izquierda.

10º- Cuarenta y siete tonos vibracionales en KETHER-Pineal.

Con lo cual las integraciones correspondientes al quinto nivel de TIPHARET quedan efectuadas.

Hecho esto, la Séfira TIPHARET- LA BELLEZA (Tetragramaton Aloah Va Daat "El Señor Dios del Conocimiento") se integra ahora totalmente en su lugar físico, zona del centro del pecho, y la cantidad de tonos vibracionales que le corresponden en las demás séfiras.

Notad ahora como desciende un Árbol de la Vida, con todas sus séfiras, notándose Thipharet resaltada, ya que está completa.

La integración en el físico de todos estos tonos vibracionales, dependiendo de las personas, puede tardar hasta un día aproximadamente en completarse..

ACTIVACIONES DIVERSAS

<u>CLARIAUDIENCIA Y TELEPATIA.</u>

DECRETAMOS AHORA QUE: Todos los pecados o karma negativo interno y externo es anulado ahora, queda limpio. Queda sanado. Que así se escriba ahora con letras de fuego y así se cumpla.

Empezamos, sentados o tumbados, si sentados, piernas abiertas apoyadas en el suelo, columna recta, barbilla algo hacia abajo, inspiramos lentamente, nos llenamos, soltamos, volvemos a inspirar lentamente, nos llenamos, soltamos, lo volvemos a repetir, inspiramos soltamos.

Llevamos nuestra vista interna al centro del pecho, seguimos desde allí respirando pausadamente.

PARA ESTE TRABAJO:

Invocamos a todas nuestras partes Multidimensionales y a todos los Seres de Luz que nos quieran asistir en este trabajo.

Invoco a los DEVAS, A LOS SERES ADIMENSIONALES EJECUTORES DE LOS DECRETOS DEL VERBO.

Hago un llamado especial A MI SER MULTIDIMENSIONAL, A TODAS LAS PARTES DE MI SER. SAMESHING INVOCA A SAMESHING, también invoco a todos los acompañantes que están conectados conmigo, y que todos se pongan en actividad ahora para realizar este trabajo.

Con un llamado especial a mi SER en sus diferentes partes y conexiones multidimensionales en los nombres de SANAT KUMARA, AL AICOR, AL AQUER, AZILAM y ALTAIR.

Abrimos un poco las manos y notamos que nos agarran, en realidad estamos formando un gran corro de personas con las manos enlazadas, todas las que están ahora presentes, todas las que lo harán en futuras audiciones, **siempre en el presente continuo.**.

Seguimos inspirando y soltando, fluyendo a través de nuestro corazón, conectados totalmente en nuestro corazón, fluyendo, fluyendo, fluyendo.

Empezamos a vernos unos a otros, al de nuestra derecha, al de la izquierda a los que están enfrente en el círculo que hemos formado.

Alrededor nuestro también formando un círculo están todos los Seres que hemos invocado más otros que graciosamente han acudido a asistirnos.

Inspiramos y soltamos y Fluimos y Fluimos y Fluimos.

Ahora haciendo uso de las facultades que poseemos en el conjunto de mí Ser.

DECRETO   que todo lo que sigue, sea de inmediato cumplimiento.

Que los Devas implicados, los Seres Adimensionales ejecutores de los decretos se pongan a cumplimentarlos ahora, en todas los Seres susceptibles de ello y que al escuchar esto den su consentimiento para que se realice en ellos, basta decir "SI QUIERO QUE OCURRA EN MI"

1º. Todos los músculos del cuerpo se relajan, se relajan, se relajan AHORA.

Inspiramos y soltamos, Inspiramos y soltamos, Inspiramos y soltamos, nos relajamos más y más, más y más, más y más.

2º El núcleo de encarnación, Tai Tien, Hara, o como cada uno quiera llamarlo, es llevado ahora a su mayor esplendor y colocado en el sitio perfecto, acorde con cada persona ahora.

Inspiramos y soltamos, Inspiramos y soltamos, Inspiramos y soltamos, empezamos a notar como sube la vibración en la zona del intestino delgado, justo un poco más arriba del pubis.

Vemos cómo nuestro núcleo de encarnación vibra, palpita, y crece, crece, tornándose de un color oro intenso.

Seguimos inspirando y soltando, fluyendo a través de nuestro corazón, conectados totalmente en nuestro corazón, fluyendo, fluyendo, fluyendo.

3º El Centro ALPHA es activado ahora con la energía vibracional de 5º dimensión.

Desde dicho centro ALPHA desciende un rayo de energía ahora que entra por la fontanela, en descenso, active PINEAL, desciende lentamente activando PITUITARIAS, sigue descendiendo lentamente abriendo y activando el 5º CHACRA.

Continuando su descenso activa ahora la glándula TIMO, y sigue descendiendo activando el centro del pecho, CUARTA CHACRA.

Seguimos inspirando y soltando, fluyendo a través de nuestro corazón, conectados totalmente en nuestro corazón, fluyendo, fluyendo, fluyendo.

4º El centro OMEGA es activado ahora con la energía vibracional de 5ª dimensión.

Desde dicho centro OMEGA, asciende un rayo que entra por el perineo, en ascenso activa más todavía el Núcleo de Encarnación también llamada TAI TIEN o HARA.

Sigue ascendiendo activando la Séfira Niak en el ombligo, y sigue lentamente en su ascenso hasta llegar al CUARTA CHACRA donde se une en armonioso abrazo y fusión con las energías del centro ALPHA, formándose rápidamente un gran torbellino, que gira, gira, gira, llenando todo nuestro pecho.

Decimos: "YO SOY EL ALPHA Y LA OMEGA, y estoy armonizado en mi centro Cardíaco, LA BELLEZA de THIPHARET resplandece en mi AHORA".

Seguimos inspirando y soltando, fluyendo a través de nuestro corazón, conectados totalmente en nuestro corazón, fluyendo, fluyendo, fluyendo.

5º Os abro mi CORAZON DE CORAZONES y os envío a todos, a vuestro centro THIPHARET en la zona de vuestro cuarto chacra, un cristal etérico ARCO IRIS, conteniendo todas las vibraciones y con ello todos los colores, los cuales se irán activando conforme cada uno vaya elevando la vibración celular de su cuerpo.

6º El cristal crece, crece verticalmente y se proyecta ahora, lentamente hacia abajo y hacia arriba hasta el perineo y la fontanela.

En su recorrido se crean cuatro réplicas una que se deposita en el centro NIAK (ombligo), otra arriba en el quinto chacra, EL HUECO DE LA GARGANTA, otra abajo en el NÚCLO DE ENCARNACIÓN (Tai Tien o Hara), la otra en la misma PINEAL.

Estás réplicas se fortalecen y crecen, las vemos las notamos y mientras lo hacen:

Seguimos inspirando y soltando, fluyendo a través de nuestro corazón, conectados totalmente en nuestro corazón, fluyendo, fluyendo, fluyendo.

Ahora tenemos cinco puntos primordiales, el Cristal ARCO IRIS original y sus cuatro réplicas.

Notamos todo el canal central activado, con sus 5 puntos pulsando, equilibrando todos nuestros cuerpos.

7º Recuerdo ahora que: "Todo el proceso sea llevado entre algodones".

Actívese ahora el canal de la TELEPATIA Y CLARIAUDIENCIA.

Mientras seguimos centrados en nuestro corazón, inspirando y soltando, sentimos una mayor irradiación de energía en la garganta, cervicales, nuca, cogote, irradiación que va activando las conexiones neuronales y todas las terminaciones nerviosas necesarias para poder utilizar estas tan necesarias herramientas.

Seguimos inspirando y soltando, inspirando y soltando, inspirando y soltando.

Poco a poco la irradiación va cesando, las conexiones se han efectuado en la medida que cada uno puede integrar.

Como el Cristal ARCO IRIS contiene todas las vibraciones en sí mismo, conforme nuestra vibración vaya subiendo iremos notando más irradiaciones hasta que llegue un momento en que tengamos totalmente desarrolladas y activadas estas cualidades.

Seguimos inspirando y soltando, fluyendo a través de nuestro corazón, conectados totalmente en nuestro corazón, fluyendo, fluyendo, fluyendo.

Como somos muy curiosos, intentamos ya ahora comprobar el grado de audición que hemos alcanzado, para ello hacemos una pregunta mentalmente, notamos una pequeña irradiación acompañada de la respuesta a manera de pensamiento.

El pensamiento que te llega no es tu imaginación, **ES REAL**, acostúmbrate a ello.

Que así se escriba ahora con letras de fuego en los muros del destino y así se cumpla, AHORA.

Seguimos inspirando y soltando, fluyendo a través de nuestro corazón, conectados totalmente en nuestro corazón, fluyendo, fluyendo, fluyendo.

Inspiramos y soltamos y Fluimos y Fluimos y Fluimos.

Nos vamos despidiendo de todos los Seres que han participado en este trabajo con nosotros, agradeciéndoles por supuesto su colaboración, yo SAMESHING, así lo hago.

Poco a poco lentamente damos un repaso a nuestro cuerpo físico, miramos los efectos que ha tenido en nosotros este trabajo.

Lentamente cada uno a su ritmo va volviendo en sí.

DIA DIECISEIS

Decimos: Activación Guantes de Atracción (ver índice).

Hacer ejercicio para estar en el centro del corazón (ver índice).

Oir audio o leer activación flujos energéticos detallados al principio.

Oir audio y/o leer 4 veces Decreto Erradicación Árbol de la Ciencia del Bien y del Mal.

Leer **Quinta Iniciación** como sigue:

Quinto. Plano ÁTMICO. PUERTA O DIA 15 ANTES DE EMPEZAR REPIRAR HONDO VARIAS VECES, RELAJARSE, PROCURAR NO SER MOLESTADO NI INTERRUMPIDO.

DECRETAMOS AHORA. Todos tus pecados registrados interna y externamente son perdonados, y el consiguiente karma anulado totalmente. QUEDA LIMPIO. QUEDA SANADO.

DECRETAMOS AHORA. Tapones, implantes, larvas astrales, entes, dispositivos de control, dispositivos de la Matrix o cualquier otro que impida o limite la entrada de energías en sus cuerpos son retirados AHORA.

DECRETAMOS AHORA, la integración en el cuerpo físico del quinto plano de energías del campo áurico, iglesia principal SARDES, (quinto chacra-Vishudda), todas las demás subordinadas

Al arrastrar al físico las energías correspondiente a la iglesia de Sardes, plano Átmico, se integran las energías del primer sub-plano de este quinto plano, más las del segundo del Búdico, tercero del Mental, cuarto del Astral y quinto del Físico.

ES NUESTRO DESEO QUE TU CUERPO CELULAR ERRADIQUE AHORA TODAS LAS ANOMALÍAS Y SE REGENERE VERTIGINOSAMENTE. QUE ASI SE ESCRIBA AHORA CON LETRAS DE FUEGO Y ASI SE CUMPLA

MEDITACIONES ÁRBOL DE LA VIDA 10 SEFIROTH

Decimos REMEMORAR ejercicio para estar en el centro del corazón

GEBURAD PRIMER NIVEL

DECRETO que todo lo que sigue, sea de inmediato cumplimiento.

QUE ASÍ SE ESCRIBA AHORA CON LETRAS DE FUEGO Y ASÍ SE CUMPLA.

TODOS LOS PECADOS O KARMA NEGATIVO INTERNO Y EXTERNO ES ANULADO AHORA. QUEDA LIMPIO. QUEDA SANADO.

Todos los Tapones energéticos, implantes, larvas astrales, entes, dispositivos de control, dispositivos de la Matrix o cualquier otro que impida la libre circulación de energías en nuestros cuerpos es retirado ahora.

La integración en el cuerpo físico de esta esfera vibracional correspondiente a la Séfira GEBURAD, ubicada en la zona del hombro derecho, la haremos en seis meditaciones, que abarcan los tonos vibracionales del 31 al 59.

Como todo ha de estar contenido en todo, la integración se realiza en cada una de las 10 séfiras.

Hoy hacemos la primera meditación de integración,

Para ello, DECRETO QUE.

Se integre en el físico todo que sigue AHORA.

1º- Treinta y uno tonos vibracionales en MALKUT - Perineo...

2º- Treinta y tres tonos vibracionales en YESOD - Gónadas.

3º- Treinta y cinco tonos vibracionales en HOD - Hígado.

4º- Treinta y siete tonos vibracionales en NETZACH - Bazo-Páncreas.

5º- Treinta y nueve tonos vibracionales en TIPHARET - Centro del Pecho.

6º- Cuarenta y uno tonos vibracionales en - GEBURAD-Hombro derecho.

7º- Cuarenta y tres tonos vibracionales en CHESED - Hombro izquierdo.

8º- Cuarenta y cinco tonos vibracionales en BINAH - Pituitaria derecha.

9º- Cuarenta y siete tonos vibracionales en CHOKMAH - Pituitaria izquierda.

10º- Cuarenta y nueve tonos vibracionales en KETHER-Pineal.

Con lo cual las integraciones correspondientes al primer nivel de GEBURAD quedan efectuadas.

La integración en el físico de todos estos tonos vibracionales, dependiendo de las personas, puede tardar hasta un día aproximadamente en completarse..

DIA DIECISIETE

Decimos: Activación Guantes de Atracción (ver índice).

Hacer ejercicio para estar en el centro del corazón (ver índice).

Oir audio o leer activación flujos energéticos detallados al principio.

Oir audio y/o leer 4 veces Decreto Erradicación Árbol de la Ciencia del Bien y del Mal.

Leer **Sexta Iniciación** como sigue:

Sexto Plano. MONÁDICO. PUERTA O DIA 21 ANTES DE EMPEZAR REPIRAR HONDO VARIAS VECES, RELAJARSE, PROCURAR NO SER MOLESTADO NI INTERRUMPIDO. DECRETAMOS AHORA. Todos tus pecados registrados interna y externamente son perdonados, y el consiguiente karma anulado totalmente. QUEDA LIMPIO. QUEDA SANADO.

Es mi deseo que todos tus genes se regeneren en la perfección óptima.

DECRETAMOS AHORA. Tapones, implantes, larvas astrales, entes, dispositivos de control, dispositivos de la Matrix o cualquier otro que impida o limite la entrada de energías en sus cuerpos son retirados AHORA.

DECRETAMOS AHORA, la integración en el cuerpo físico del sexto plano de energías del campo áurico, iglesia principal FILADELFIA, (sexto chacra- Ajna), todas las demás subordinadas.

Al arrastrar al físico las energías correspondiente a la iglesia

de Filadelphia, plano Monádico, se integran las energías del primer sub-plano de éste sexto plano, las del segundo del Átmico, tercero del Búdico, cuarto del Mental, quinto del Astral y sexto del Físico.

QUE ASI SE ESCRIBA AHORA CON LETRAS DE FUEGO Y ASI SE CUMPLA

MEDITACIONES ÁRBOL DE LA VIDA 10 SEFIROTH

Decimos REMEMORAR ejercicio para estar en el centro del corazón

GEBURAD SEGUNDO NIVEL

DECRETO que todo lo que sigue, sea de inmediato cumplimiento.

QUE ASÍ SE ESCRIBA AHORA CON LETRAS DE FUEGO Y ASÍ SE CUMPLA.

TODOS LOS PECADOS O KARMA NEGATIVO INTERNO Y EXTERNO ES ANULADO AHORA. QUEDA LIMPIO. QUEDA SANADO.

Todos los Tapones energéticos, implantes, larvas astrales, entes, dispositivos de control, dispositivos de la Matrix o cualquier otro que impida la libre circulación de energías en nuestros cuerpos es retirado ahora.

La integración en el cuerpo físico de esta esfera vibracional correspondiente a Séfira GEBURAD, ubicada en la zona del hombro derecho, la haremos en seis meditaciones, que abarcan los tonos vibracionales del 31 al 59.

Como todo ha de estar contenido en todo, la integración se realiza en cada una de las 10 séfiras.

Hoy hacemos la segunda meditación de integración,

Para ello, DECRETO QUE.

Se integre en el físico todo que sigue AHORA.

1º- Treinta y tres tonos vibracionales en MALKUT - Perineo...

2º- Treinta y cinco tonos vibracionales en YESOD - Gónadas.

3º- Treinta y siete tonos vibracionales en HOD - Hígado.

4º- Treinta y nueve tonos vibracionales en NETZACH - Bazo-Páncreas.

5º- Cuarenta y uno tonos vibracionales en TIPHARET - Centro del Pecho.

6º- Cuarenta y tres tonos vibracionales en - GEBURAD-Hombro derecho.

7º- Cuarenta y cinco tonos vibracionales en CHESED - Hombro izquierdo.

8º- Cuarenta y siete tonos vibracionales en BINAH - Pituitaria derecha.

9º- Cuarenta y nueve tonos vibracionales en CHOKMAH - Pituitaria izquierda.

10º- Cincuenta y uno tonos vibracionales en KETHER-Pineal.

Con lo cual las integraciones correspondientes al segundo nivel de GEBURAD quedan efectuadas.

La integración en el físico de todos estos tonos vibracionales, dependiendo de las personas, puede tardar hasta un día aproximadamente en completarse.

DIA DIECIOCHO

Decimos: Activación Guantes de Atracción (ver índice).

Hacer ejercicio para estar en el centro del corazón (ver índice).

Oir audio o leer activación flujos energéticos detallados al principio.

Oir audio y/o leer 4 veces Decreto Erradicación Árbol de la Ciencia del Bien y del Mal.

Leer **Sexta Iniciación** como sigue:

Sexto Plano. MONÁDICO. PUERTA O DIA 21 ANTES DE EMPEZAR REPIRAR HONDO VARIAS VECES, RELAJARSE, PROCURAR NO SER MOLESTADO NI INTERRUMPIDO. DECRETAMOS AHORA. Todos tus pecados registrados interna y externamente son perdonados, y el consiguiente karma anulado totalmente. QUEDA LIMPIO. QUEDA SANADO.

Es mi deseo que todos tus genes se regeneren en la perfección óptima.

DECRETAMOS AHORA. Tapones, implantes, larvas astrales, entes, dispositivos de control, dispositivos de la Matrix o cualquier otro que impida o limite la entrada de energías en sus cuerpos son retirados AHORA.

DECRETAMOS AHORA, la integración en el cuerpo físico del sexto plano de energías del campo áurico, iglesia principal FILADELFIA, (sexto chacra- Ajna), todas las demás subordinadas.

Al arrastrar al físico las energías correspondiente a la iglesia

de Filadelphia, plano Monádico, se integran las energías del primer sub-plano de éste sexto plano, las del segundo del Átmico, tercero del Búdico, cuarto del Mental, quinto del Astral y sexto del Físico.

QUE ASI SE ESCRIBA AHORA CON LETRAS DE FUEGO Y ASI SE CUMPLA

MEDITACIONES ÁRBOL DE LA VIDA 10 SEFIROTH

Decimos REMEMORAR ejercicio para estar en el centro del corazón

GEBURAD TERCER NIVEL

DECRETO que todo lo que sigue, sea de inmediato cumplimiento.

QUE ASI SE ESCRIBA AHORA CON LETRAS DE FUEGO Y ASI SE CUMPLA.

TODOS LOS PECADOS O KARMA NEGATIVO INTERNO Y EXTERNO ES ANULADO AHORA. QUEDA LIMPIO. QUEDA SANADO.

Todos los Tapones energéticos, implantes, larvas astrales, entes, dispositivos de control, dispositivos de la Matrix o cualquier otro que impida la libre circulación de energías en nuestros cuerpos es retirado ahora.

La integración en el cuerpo físico de esta esfera vibracional correspondiente a la Séfira GEBURAD, ubicada en la zona del hombro derecho, la haremos en seis meditaciones, que abarcan los tonos vibracionales del 31 al 59.

Como todo ha de estar contenido en todo, la integración se realiza en cada una de las 10 séfiras.

Hoy hacemos la tercera meditación de integración,

Para ello, DECRETO QUE.

Se integre en el físico todo que sigue AHORA.

1º- Treinta y cinco tonos vibracionales en MALKUT - Perineo.

2º- Treinta y siete tonos vibracionales en YESOD - Gónadas.

3º- Treinta y nueve tonos vibracionales en HOD - Hígado.

4º- Cuarenta y uno tonos vibracionales en NETZACH - Bazo-Páncreas.

5º- Cuarenta y tres tonos vibracionales en TIPHARET - Centro del Pecho.

6º- Cuarenta y cinco tonos vibracionales en - GEBURAD-Hombro derecho.

7º- Cuarenta y siete tonos vibracionales en CHESED - Hombro izquierdo.

8º- Cuarenta y nueve tonos vibracionales en BINAH - Pituitaria derecha.

9º- Cincuenta y uno tonos vibracionales en CHOKMAH - Pituitaria izquierda.

10º- Cincuenta y tres tonos vibracionales en KETHER-Pineal.

Con lo cual las integraciones correspondientes al tercer nivel de GEBURAD quedan efectuadas.

La integración en el físico de todos estos tonos vibracionales, dependiendo de las personas, puede tardar hasta un día aproximadamente en completarse.

DIA DIECINUEVE

Decimos: Activación Guantes de Atracción (ver índice).

Hacer ejercicio para estar en el centro del corazón (ver índice).

Oir audio o leer activación flujos energéticos detallados al principio.

Oir audio y/o leer 4 veces Decreto Erradicación Árbol de la Ciencia del Bien y del Mal.

Leer **Sexta Iniciación** como sigue:

Sexto Plano. MONÁDICO. PUERTA O DIA 21 ANTES DE EMPEZAR REPIRAR HONDO VARIAS VECES, RELAJARSE, PROCURAR NO SER MOLESTADO NI INTERRUMPIDO. DECRETAMOS AHORA. Todos tus pecados registrados interna y externamente son perdonados, y el consiguiente karma anulado totalmente. QUEDA LIMPIO. QUEDA SANADO.

Es mi deseo que todos tus genes se regeneren en la perfección óptima.

DECRETAMOS AHORA. Tapones, implantes, larvas astrales, entes, dispositivos de control, dispositivos de la Matrix o cualquier otro que impida o limite la entrada de energías en sus cuerpos son retirados AHORA.

DECRETAMOS AHORA, la integración en el cuerpo físico del sexto plano de energías del campo áurico, iglesia principal FILADELFIA, (sexto chacra- Ajna), todas las demás subordinadas.

Al arrastrar al físico las energías correspondiente a la iglesia

de Filadelphia, plano Monádico, se integran las energías del primer sub-plano de éste sexto plano, las del segundo del Átmico, tercero del Búdico, cuarto del Mental, quinto del Astral y sexto del Físico.

QUE ASI SE ESCRIBA AHORA CON LETRAS DE FUEGO Y ASI SE CUMPLA

MEDITACIONES ÁRBOL DE LA VIDA 10 SEFIROTH

Decimos REMEMORAR ejercicio para estar en el centro del corazón

GEBURAD CUARTO NIVEL

DECRETO que todo lo que sigue, sea de inmediato cumplimiento.

QUE ASI SE ESCRIBA AHORA CON LETRAS DE FUEGO Y ASI SE CUMPLA.

TODOS LOS PECADOS O KARMA NEGATIVO INTERNO Y EXTERNO ES ANULADO AHORA. QUEDA LIMPIO. QUEDA SANADO.

Todos los Tapones energéticos, implantes, larvas astrales, entes, dispositivos de control, dispositivos de la Matrix o cualquier otro que impida la libre circulación de energías en nuestros cuerpos es retirado ahora.

La integración en el cuerpo físico de esta esfera vibracional correspondiente a Séfira GEBURAD, ubicada en la zona del hombro derecho, la haremos en seis meditaciones, que abarcan los tonos vibracionales del 31 al 59.

Como todo ha de estar contenido en todo, la integración se realiza en cada una de las 10 séfiras.

Hoy hacemos la cuarta meditación de integración,

Para ello, DECRETO QUE.

Se integre en el físico todo que sigue AHORA.

1º- Treinta y siete tonos vibracionales en MALKUT - Perineo...

2º- Treinta y nueve tonos vibracionales en YESOD - Gónadas.

3º- Cuarenta y uno tonos vibracionales en HOD - Hígado.

4º- Cuarenta y tres tonos vibracionales en NETZACH - Bazo-Páncreas.

5º- Cuarenta y cinco tonos vibracionales en TIPHARET - Centro del Pecho.

6º- Cuarenta y siete tonos vibracionales en - GEBURAD-Hombro derecho.

7º- Cuarenta y nueve tonos vibracionales en CHESED - Hombro izquierdo.

8º- Cincuenta y uno tonos vibracionales en BINAH - Pituitaria derecha.

9º- Cincuenta y tres tonos vibracionales en CHOKMAH - Pituitaria izquierda.

10º- Cincuenta y cinco tonos vibracionales en KETHER-Pineal.

Con lo cual las integraciones correspondientes al cuarto nivel de GEBURAD quedan efectuadas.

La integración en el físico de todos estos tonos vibracionales, dependiendo de las personas, puede tardar hasta un día aproximadamente en completarse.

DIA VEINTE

Decimos: Activación Guantes de Atracción (ver índice).

Hacer ejercicio para estar en el centro del corazón (ver índice).

Oir audio o leer activación flujos energéticos detallado al principio.

Oir audio y/o leer 4 veces Decreto erradicación Árbol de la Ciencia del Bien y del Mal.

Leer **Iniciación Plano Adi 7.1** como sigue:

Séptimo Plano. ÁDI, primer sub-plano. PUERTA O DIA 28 ANTES DE EMPEZAR REPIRAR HONDO VARIAS VECES, RELAJARSE, PROCURAR NO SER MOLESTADO NI INTERRUMPIDO.

DECRETAMOS AHORA. Todos tus pecados registrados interna y externamente son perdonados, y el consiguiente karma anulado totalmente. QUEDA LIMPIO. QUEDA SANADO.

Es mi deseo que todos tus genes se regeneren en la perfección óptima.

DECRETAMOS AHORA. Tapones, implantes, larvas astrales, entes, dispositivos de control, dispositivos de la Matrix o cualquier otro que impida o limite la entrada de energías en sus cuerpos son retirados AHORA.

DECRETAMOS AHORA, la integración en el cuerpo físico del primer sub-plano del séptimo plano de energías del campo áurico, iglesia principal LAODICEA (séptimo chacra-Sahasrara), todas las demás subordinadas.

Al arrastrar al físico las energías correspondiente a la iglesia de Laodicea, se integran las energías del primer sub-plano del plano Adi, del segundo sub-plano del Monádico, tercero del Átmico, cuarto del Búdico (momento en que se produce la primera crucifixión), quinto del Mental, sexto del Astral y séptimo del Físico, momento en que hemos integrado totalmente las energías de éste primer plano, enterrándose también en el cuerpo fisco las primeras energías del llamado YO SUPERIOR o YO ALMICO.

Esto es lo que las tradiciones occidentales han denominado Crucificado, muerto y enterrado descendió a los infiernos.

QUE ASI SE ESCRIBA AHORA CON LETRAS DE FUEGO Y ASI SE CUMPLA.

MEDITACIONES ÁRBOL DE LA VIDA 10 SEFIROTH

Decimos REMEMORAR ejercicio para estar en el centro del corazón

GEBURAD QUINTO NIVEL

DECRETO que todo lo que sigue, sea de inmediato cumplimiento.

QUE ASÍ SE ESCRIBA AHORA CON LETRAS DE FUEGO Y ASÍ SE CUMPLA.

TODOS LOS PECADOS O KARMA NEGATIVO INTERNO Y EXTERNO ES ANULADO AHORA. QUEDA LIMPIO. QUEDA SANADO.

Todos los Tapones energéticos, implantes, larvas astrales, entes, dispositivos de control, dispositivos de la Matrix o cualquier otro que impida la libre circulación de energías en nuestros cuerpos es retirado ahora.

La integración en el cuerpo físico de esta esfera vibracional correspondiente a Séfira GEBURAD, ubicada en la zona del hombro derecho, la haremos en seis meditaciones, que abarcan los tonos vibracionales del 31 al 59.

Como todo ha de estar contenido en todo, la integración se realiza en cada una de las 10 séfiras.

Hoy hacemos la quinta meditación de integración,

Para ello, DECRETO QUE.

Se integre en el físico todo que sigue AHORA.

1º- Treinta y nueve tonos vibracionales en MALKUT - Perineo...

2º- Cuarenta y uno tonos vibracionales en YESOD - Gónadas.

3º- Cuarenta y tres tonos vibracionales en HOD - Hígado.

4º- Cuarenta y cinco tonos vibracionales en NETZACH - Bazo-Páncreas.

5º- Cuarenta y siete tonos vibracionales en TIPHARET - Centro del Pecho.

6º- Cuarenta y nueve tonos vibracionales en - GEBURAD-Hombro derecho.

7º- Cincuenta y uno tonos vibracionales en CHESED - Hombro izquierdo.

8º- Cincuenta y tres tonos vibracionales en BINAH - Pituitaria derecha.

9º- Cincuenta y cinco tonos vibracionales en CHOKMAH - Pituitaria izquierda.

10º- Cincuenta y siete tonos vibracionales en KETHER-Pineal.

Con lo cual las integraciones correspondientes al quinto nivel de GEBURAD quedan efectuadas.

La integración en el físico de todos estos tonos vibracionales, dependiendo de las personas, puede tardar hasta un día aproximadamente en completarse.

DIA VEINTIUNO

Decimos: Activación Guantes de Atracción (ver índice).

Hacer ejercicio para estar en el centro del corazón (ver índice).

Oir audio o leer activación flujos energéticos detallado al principio.

Oir audio y/o leer 4 veces Decreto erradicación Árbol de la Ciencia del Bien y del Mal.

Leer **Iniciación Plano Adi 7.1** como sigue:

Séptimo Plano. ÁDI, primer sub-plano. PUERTA O DIA 28 ANTES DE EMPEZAR REPIRAR HONDO VARIAS VECES, RELAJARSE, PROCURAR NO SER MOLESTADO NI INTERRUMPIDO.

DECRETAMOS AHORA. Todos tus pecados registrados interna y externamente son perdonados, y el consiguiente karma anulado totalmente. QUEDA LIMPIO. QUEDA SANADO.

Es mi deseo que todos tus genes se regeneren en la perfección óptima.

DECRETAMOS AHORA. Tapones, implantes, larvas astrales, entes, dispositivos de control, dispositivos de la Matrix o cualquier otro que impida o limite la entrada de energías en sus cuerpos son retirados AHORA.

DECRETAMOS AHORA, la integración en el cuerpo físico del primer sub-plano del séptimo plano de energías del campo áurico, iglesia principal LAODICEA (séptimo chacra-Sahasrara), todas las demás subordinadas.

Al arrastrar al físico las energías correspondiente a la iglesia de Laodicea, se integran las energías del primer sub-plano del plano Adi, del segundo sub-plano del Monádico, tercero del Átmico, cuarto del Búdico (momento en que se produce la primera crucifixión), quinto del Mental, sexto del Astral y séptimo del Físico, momento en que hemos integrado totalmente las energías de éste primer plano, enterrándose también en el cuerpo fisco las primeras energías del llamado YO SUPERIOR o YO ALMICO.

Esto es lo que las tradiciones occidentales han denominado Crucificado, muerto y enterrado descendió a los infiernos.

QUE ASI SE ESCRIBA AHORA CON LETRAS DE FUEGO Y ASI SE CUMPLA.

MEDITACIONES ÁRBOL DE LA VIDA 10 SEFIROTH

Decimos REMEMORAR ejercicio para estar en el centro del corazón

GEBURAD SEXTO NIVEL

DECRETO que todo lo que sigue, sea de inmediato cumplimiento.

QUE ASI SE ESCRIBA AHORA CON LETRAS DE FUEGO Y ASI SE CUMPLA.

TODOS LOS PECADOS O KARMA NEGATIVO INTERNO Y EXTERNO ES ANULADO AHORA. QUEDA LIMPIO. QUEDA SANADO.

Todos los Tapones energéticos, implantes, larvas astrales, entes, dispositivos de control, dispositivos de la Matrix o cualquier otro que impida la libre circulación de energías en nuestros cuerpos es retirado ahora.

La integración en el cuerpo físico de esta esfera vibracional correspondiente a la Séfira GEBURAD, ubicada en la zona del hombro derecho, la haremos en seis meditaciones, que abarcan los tonos vibracionales del 31 al 59.

Como todo ha de estar contenido en todo, la integración se realiza en cada una de las 10 séfiras.

Hoy hacemos la sexta meditación de integración,

Para ello, DECRETO QUE.

Se integre en el físico todo que sigue AHORA.

1º- Cuarenta y uno tonos vibracionales en MALKUT - Perineo...

2º- Cuarenta y tres tonos vibracionales en YESOD - Gónadas.

3º- Cuarenta y cinco tonos vibracionales en HOD - Hígado.

4º- Cuarenta y siete tonos vibracionales en NETZACH - Bazo-Páncreas.

5º- Cuarenta y nueve tonos vibracionales en TIPHARET - Centro del Pecho.

6º- Cincuenta y uno tonos vibracionales en - GEBURAD-Hombro derecho.

7º- Cincuenta y tres tonos vibracionales en CHESED - Hombro izquierdo.

8º- Cincuenta y cinco tonos vibracionales en BINAH - Pituitaria derecha.

9º- Cincuenta y siete tonos vibracionales en CHOKMAH - Pituitaria izquierda.

10º- Cincuenta y nueve tonos vibracionales en KETHER-Pineal.

Con lo cual las integraciones correspondientes al sexto nivel de GEBURAD quedan efectuadas.

Hecho esto, la Séfira GEBURAD (Elohim Gebor, Dios de las Batallas Severidad, Rigor) se integra ahora totalmente en su lugar físico, zona del hombro derecho, y la cantidad de tonos vibracionales que le corresponden en las demás séfiras.

Notad ahora como desciende un Árbol de la Vida, con todas sus séfiras, notándose Geburad resaltada, ya que está completa.

La integración en el físico de todos estos tonos vibracionales, dependiendo de las personas, puede tardar hasta un día aproximadamente en completarse.

DIA VEINTIDOS

Decimos: Activación Guantes de Atracción (ver índice).

Hacer ejercicio para estar en el centro del corazón (ver índice).

Oir audio o leer activación flujos energéticos detallado al principio.

Oir audio y/o leer 4 veces Decreto erradicación Árbol de la Ciencia del Bien y del Mal.

Leer **Iniciación Plano Adi 7.1** como sigue:

Séptimo Plano. ÁDI, primer sub-plano. PUERTA O DIA 28 ANTES DE EMPEZAR REPIRAR HONDO VARIAS VECES, RELAJARSE, PROCURAR NO SER MOLESTADO NI INTERRUMPIDO.

DECRETAMOS AHORA. Todos tus pecados registrados interna y externamente son perdonados, y el consiguiente karma anulado totalmente. QUEDA LIMPIO. QUEDA SANADO.

Es mi deseo que todos tus genes se regeneren en la perfección óptima.

DECRETAMOS AHORA. Tapones, implantes, larvas astrales, entes, dispositivos de control, dispositivos de la Matrix o cualquier otro que impida o limite la entrada de energías en sus cuerpos son retirados AHORA.

DECRETAMOS AHORA, la integración en el cuerpo físico del primer sub-plano del séptimo plano de energías del campo áurico, iglesia principal LAODICEA (séptimo chacra-Sahasrara), todas las demás subordinadas.

Al arrastrar al físico las energías correspondiente a la iglesia de Laodicea, se integran las energías del primer sub-plano del plano Adi, del segundo sub-plano del Monádico, tercero del Átmico, cuarto del Búdico (momento en que se produce la primera crucifixión), quinto del Mental, sexto del Astral y séptimo del Físico, momento en que hemos integrado totalmente las energías de éste primer plano, enterrándose también en el cuerpo fisco las primeras energías del llamado YO SUPERIOR o YO ALMICO.

Esto es lo que las tradiciones occidentales han denominado Crucificado, muerto y enterrado descendió a los infiernos.

QUE ASI SE ESCRIBA AHORA CON LETRAS DE FUEGO Y ASI SE CUMPLA.

MEDITACIONES ÁRBOL DE LA VIDA 10 SEFIROTH

Decimos REMEMORAR ejercicio para estar en el centro del corazón

CHESED PRIMER NIVEL

DECRETO que todo lo que sigue, sea de inmediato cumplimiento.

QUE ASI SE ESCRIBA AHORA CON LETRAS DE FUEGO Y ASI SE CUMPLA.

TODOS LOS PECADOS O KARMA NEGATIVO INTERNO Y EXTERNO ES ANULADO AHORA. QUEDA LIMPIO. QUEDA SANADO.

Todos los Tapones energéticos, implantes, larvas astrales, entes, dispositivos de control, dispositivos de la Matrix o cualquier otro que impida la libre circulación de energías en nuestros cuerpos es retirado ahora.

La integración en el cuerpo físico de esta esfera vibracional correspondiente a la Séfira CHESED, ubicada en la zona del hombro izquierdo, la haremos en siete meditaciones, que abarcan los tonos vibracionales del 43 al 73.

Como todo ha de estar contenido en todo, la integración se realiza en cada una de las 10 séfiras.

Hoy hacemos la primera meditación de integración,

Para ello, DECRETO QUE.

Se integre en el físico todo que sigue AHORA.

1º- Cuarenta y tres tonos vibracionales en MALKUT - Perineo.

2º- Cuarenta y cinco tonos vibracionales en YESOD - Gónadas.

3º- Cuarenta y siete tonos vibracionales en HOD - Hígado.

4º- Cuarenta y nueve tonos vibracionales en NETZACH - Bazo-Páncreas.

5º- Cincuenta y uno tonos vibracionales en TIPHARET - Centro del Pecho.

6º- Cincuenta y tres tonos vibracionales en - GEBURAD- Hombro derecho.

7º- Cincuenta y cinco tonos vibracionales en CHESED - Hombro izquierdo.

8º- Cincuenta y siete tonos vibracionales en BINAH - Pituitaria derecha.

9º- Cincuenta y nueve tonos vibracionales en CHOKMAH - Pituitaria izquierda.

10º- Sesenta y uno tonos vibracionales en KETHER- Pineal.

Con lo cual las integraciones correspondientes al primer nivel de CHESED quedan efectuadas.

La integración en el físico de todos estos tonos vibracionales, dependiendo de las personas, puede tardar hasta un día aproximadamente en completarse.

DIA VEINTITRES

Decimos: Activación Guantes de Atracción (ver índice).

Hacer ejercicio para estar en el centro del corazón (ver índice).

Oir audio o leer activación flujos energéticos detallado al principio.

Oir audio y/o leer 4 veces Decreto erradicación Árbol de la Ciencia del Bien y del Mal.

Leer **Iniciación Plano Adi 7.2** como sigue:

SEPTIMO PLANO ADI. Segundo Sub-plano PUERTA O DIA 34

ANTES DE EMPEZAR REPIRAR HONDO VARIAS VECES, RELAJARSE, PROCURAR NO SER MOLESTADO NI INTERRUMPIDO.

DECRETAMOS AHORA. Todos tus pecados registrados interna y externamente son perdonados, y el consiguiente karma anulado totalmente. QUEDA LIMPIO. QUEDA SANADO.

Es mi deseo que todos tus genes se regeneren en la perfección óptima.

DECRETAMOS AHORA. Tapones, implantes, larvas astrales, entes, dispositivos de control, dispositivos de la Matrix o cualquier otro que impida o limite la entrada de energías en sus cuerpos son retirados AHORA.

DECRETAMOS AHORA la integración en el cuerpo físico del segundo sub-plano del plano ADI.

Al arrastrar al físico las energías correspondiente a la iglesia de Laodicea, en su segundo sub-plano, se integran las energías correspondientes a este segundo sub-plano del plano Adi, más las del tercero del Monádico, cuarto del Átmico, quinto del Búdico, sexto del Mental y séptimo del Astral.

QUE ASI SE ESCRIBA AHORA CON LETRAS DE FUEGO Y ASI SE CUMPLA

MEDITACIONES ÁRBOL DE LA VIDA 10 SEFIROTH

Decimos REMEMORAR ejercicio para estar en el centro del corazón

CHESED SEGUNDO NIVEL

DECRETO que todo lo que sigue, sea de inmediato cumplimiento.

QUE ASI SE ESCRIBA AHORA CON LETRAS DE FUEGO Y ASI SE CUMPLA.

TODOS LOS PECADOS O KARMA NEGATIVO INTERNO Y EXTERNO ES ANULADO AHORA. QUEDA LIMPIO. QUEDA SANADO.

Todos los Tapones energéticos, implantes, larvas astrales, entes, dispositivos de control, dispositivos de la Matrix o cualquier otro que impida la libre circulación de energías en nuestros cuerpos es retirado ahora.

La integración en el cuerpo físico de esta esfera vibracional correspondiente a la Séfira CHESED, ubicada en la zona del hombro izquierdo, la haremos en siete meditaciones, que abarcan los tonos vibracionales del 43 al 73.

Como todo ha de estar contenido en todo, la integración se realiza en cada una de las 10 séfiras.

Hoy hacemos la segunda meditación de integración,

Para ello, DECRETO QUE.

Se integre en el físico todo que sigue AHORA.

1º- Cuarenta y cinco tonos vibracionales en MALKUT - Perineo...

2º- Cuarenta y siete tonos vibracionales en YESOD - Gónadas.

3º- Cuarenta y nueve tonos vibracionales en HOD - Hígado.

4º- Cincuenta y uno tonos vibracionales en NETZACH - Bazo-Páncreas.

5º- Cincuenta y tres tonos vibracionales en TIPHARET - Centro del Pecho.

6º- Cincuenta y cinco tonos vibracionales en - GEBURAD- Hombro derecho.

7º- Cincuenta y siete tonos vibracionales en CHESED - Hombro izquierdo.

8º- Cincuenta y nueve tonos vibracionales en BINAH - Pituitaria derecha.

9º- Sesenta y uno tonos vibracionales en CHOKMAH - Pituitaria izquierda.

10º- Sesenta y tres tonos vibracionales en KETHER- Pineal.

Con lo cual las integraciones correspondientes al segundo nivel de CHESED quedan efectuadas.

La integración en el físico de todos estos tonos vibracionales, dependiendo de las personas, puede tardar hasta un día aproximadamente en completarse.

DIA VEINTICUATRO

Decimos: Activación Guantes de Atracción (ver índice).

Hacer ejercicio para estar en el centro del corazón (ver índice).

Oir audio o leer activación flujos energéticos detallado al principio.

Oir audio y/o leer 4 veces Decreto erradicación Árbol de la Ciencia del Bien y del Mal.

Leer **Iniciación Plano Adi 7.2** como sigue:

SEPTIMO PLANO ADI. Segundo Sub-plano PUERTA O DIA 34

ANTES DE EMPEZAR REPIRAR HONDO VARIAS VECES, RELAJARSE, PROCURAR NO SER MOLESTADO NI INTERRUMPIDO.

DECRETAMOS AHORA. Todos tus pecados registrados interna y externamente son perdonados, y el consiguiente karma anulado totalmente. QUEDA LIMPIO. QUEDA SANADO.

Es mi deseo que todos tus genes se regeneren en la perfección óptima.

DECRETAMOS AHORA. Tapones, implantes, larvas astrales, entes, dispositivos de control, dispositivos de la Matrix o cualquier otro que impida o limite la entrada de energías en sus cuerpos son retirados AHORA.

DECRETAMOS AHORA la integración en el cuerpo físico del segundo sub-plano del plano ADI.

Al arrastrar al físico las energías correspondiente a la iglesia de Laodicea, en su segundo sub-plano, se integran las energías correspondientes a este segundo sub-plano del plano Adi, más las del tercero del Monádico, cuarto del Átmico, quinto del Búdico, sexto del Mental y séptimo del Astral,

QUE ASI SE ESCRIBA AHORA CON LETRAS DE FUEGO Y ASI SE CUMPLA

MEDITACIONES ÁRBOL DE LA VIDA 10 SEFIROTH

Decimos REMEMORAR ejercicio para estar en el centro del corazón

CHESED TERCER NIVEL

DECRETO que todo lo que sigue, sea de inmediato cumplimiento.

QUE ASI SE ESCRIBA AHORA CON LETRAS DE FUEGO Y ASI SE CUMPLA.

TODOS LOS PECADOS O KARMA NEGATIVO INTERNO Y EXTERNO ES ANULADO AHORA. QUEDA LIMPIO. QUEDA SANADO.

Todos los Tapones energéticos, implantes, larvas astrales, entes, dispositivos de control, dispositivos de la Matrix o cualquier otro que impida la libre circulación de energías en nuestros cuerpos es retirado ahora.

La integración en el cuerpo físico de esta esfera vibracional correspondiente a la Séfira CHESED, ubicada en la zona del hombro izquierdo, la haremos en siete meditaciones, que abarcan los tonos vibracionales del 43 al 73.

Como todo ha de estar contenido en todo, la integración se realiza en cada una de las 10 séfiras.

Hoy hacemos la tercera meditación de integración,

Para ello, DECRETO QUE.

Se integre en el físico todo que sigue AHORA.

1º- Cuarenta y siete tonos vibracionales en MALKUT - Perineo...

2º- Cuarenta y nueve tonos vibracionales en YESOD - Gónadas.

3º- Cincuenta y uno tonos vibracionales en HOD - Hígado.

4º- Cincuenta y tres tonos vibracionales en NETZACH - Bazo-Páncreas.

5º- Cincuenta y cinco tonos vibracionales en TIPHARET - Centro del Pecho.

6º- Cincuenta y siete tonos vibracionales en - GEBURAD-Hombro derecho.

7º- Cincuenta y nueve tonos vibracionales en CHESED - Hombro izquierdo.

8º- Sesenta y uno tonos vibracionales en BINAH - Pituitaria derecha.

9º- Sesenta y tres tonos vibracionales en CHOKMAH - Pituitaria izquierda.

10º- Sesenta y cinco tonos vibracionales en KETHER-Pineal.

Con lo cual las integraciones correspondientes al tercer nivel de CHESED quedan efectuadas.

La integración en el físico de todos estos tonos vibracionales, dependiendo de las personas, puede tardar hasta un día aproximadamente en completarse.

DIA VEINTICINCO

Decimos: Activación Guantes de Atracción (ver índice).

Hacer ejercicio para estar en el centro del corazón (ver índice).

Oir audio o leer activación flujos energéticos detallado al principio.

Oir audio y/o leer 4 veces Decreto erradicación Árbol de la Ciencia del Bien y del Mal.

Leer **Iniciación Plano Adi 7.2** como sigue:

SEPTIMO PLANO ADI. Segundo Sub-plano PUERTA O DIA 34

ANTES DE EMPEZAR REPIRAR HONDO VARIAS VECES, RELAJARSE, PROCURAR NO SER MOLESTADO NI INTERRUMPIDO.

DECRETAMOS AHORA. Todos tus pecados registrados interna y externamente son perdonados, y el consiguiente karma anulado totalmente. QUEDA LIMPIO. QUEDA SANADO.

Es mi deseo que todos tus genes se regeneren en la perfección óptima.

DECRETAMOS AHORA. Tapones, implantes, larvas astrales, entes, dispositivos de control, dispositivos de la Matrix o cualquier otro que impida o limite la entrada de energías en sus cuerpos son retirados AHORA.

DECRETAMOS AHORA la integración en el cuerpo físico del segundo sub-plano del plano ADI.

Al arrastrar al físico las energías correspondiente a la iglesia de

Laodicea, en su segundo sub-plano, se integran las energías correspondientes a este segundo sub-plano del plano Adi, más las del tercero del Monádico, cuarto del Átmico, quinto del Búdico, sexto del Mental y séptimo del Astral,

QUE ASI SE ESCRIBA AHORA CON LETRAS DE FUEGO Y ASI SE CUMPLA

MEDITACIONES ÁRBOL DE LA VIDA 10 SEFIROTH

Decimos REMEMORAR ejercicio para estar en el centro del corazón

CHESED CUARTO NIVEL

DECRETO que todo lo que sigue, sea de inmediato cumplimiento.

QUE ASI SE ESCRIBA AHORA CON LETRAS DE FUEGO Y ASI SE CUMPLA.

TODOS LOS PECADOS O KARMA NEGATIVO INTERNO Y EXTERNO ES ANULADO AHORA. QUEDA LIMPIO. QUEDA SANADO.

Todos los Tapones energéticos, implantes, larvas astrales, entes, dispositivos de control, dispositivos de la Matrix o cualquier otro que impida la libre circulación de energías en nuestros cuerpos es retirado ahora.

La integración en el cuerpo físico de esta esfera vibracional correspondiente a la Séfira CHESED, ubicada en la zona del hombro izquierdo, la haremos en siete meditaciones, que abarcan los tonos vibracionales del 43 al 73.

Como todo ha de estar contenido en todo, la integración se realiza en cada una de las 10 séfiras.

Hoy hacemos la cuarta meditación de integración,

Para ello, DECRETO QUE.

Se integre en el físico todo que sigue AHORA.

1º- Cuarenta y nueve tonos vibracionales en MALKUT - Perineo...

2º- Cincuenta y uno tonos vibracionales en YESOD - Gónadas.

3º- Cincuenta y tres tonos vibracionales en HOD - Hígado.

4º- Cincuenta y cinco tonos vibracionales en NETZACH - Bazo-Páncreas.

5º- Cincuenta y siete tonos vibracionales en TIPHARET - Centro del Pecho.

6º- Cincuenta y nueve tonos vibracionales en - GEBURAD- Hombro derecho.

7º- Sesenta y uno tonos vibracionales en CHESED - Hombro izquierdo.

8º- Sesenta y tres tonos vibracionales en BINAH - Pituitaria derecha.

9º- Sesenta y cinco tonos vibracionales en CHOKMAH - Pituitaria izquierda.

10º- Sesenta y siete tonos vibracionales en KETHER- Pineal.

Con lo cual las integraciones correspondientes al cuarto nivel de CHESED quedan efectuadas.

La integración en el físico de todos estos tonos vibracionales, dependiendo de las personas, puede tardar hasta un día aproximadamente en completarse.

DIA VEINTISEIS

Decimos: Activación Guantes de Atracción (ver índice).

Hacer ejercicio para estar en el centro del corazón (ver índice).

Oir audio o leer activación flujos energéticos detallado al principio.

Oir audio y/o leer 4 veces Decreto erradicación Árbol de la Ciencia del Bien y del Mal.

Leer **Iniciación Plano Adi 7.3** como sigue:

SEPTIMO PLANO ADI, TERCER SUBPLANO PUERTA O DIA 39

ANTES DE EMPEZAR REPIRAR HONDO VARIAS VECES, RELAJARSE, PROCURAR NO SER MOLESTADO NI INTERRUMPIDO.

DECRETAMOS AHORA. Todos tus pecados registrados interna y externamente son perdonados, y el consiguiente karma anulado totalmente. QUEDA LIMPIO. QUEDA SANADO.

Es mi deseo que todos tus genes se regeneren en la perfección óptima.

DECRETAMOS AHORA. Tapones, implantes, larvas astrales, entes, dispositivos de control, dispositivos de la Matrix o cualquier otro que impida o limite la entrada de energías en sus cuerpos son retirados AHORA.

DECRETAMOS AHORA la integración en el cuerpo físico del tercer sub-plano del plano ADI.

Al arrastrar al físico las energías correspondientes a la iglesia de Laodicea, en su tercer sub-plano, se integran las energías correspondientes a este tercer sub-plano del plano Adi, más las del cuarto del Monádico, quinto del Átmico, sexto del Búdico, séptimo del Mental

QUE ASI SE ESCRIBA AHORA CON LETRAS DE FUEGO Y ASI SE CUMPLA

MEDITACIONES ÁRBOL DE LA VIDA 10 SEFIROTH

Decimos REMEMORAR ejercicio para estar en el centro del corazón

CHESED QUINTO NIVEL

DECRETO que todo lo que sigue, sea de inmediato cumplimiento.

QUE ASI SE ESCRIBA AHORA CON LETRAS DE FUEGO Y ASI SE CUMPLA.

TODOS LOS PECADOS O KARMA NEGATIVO INTERNO Y EXTERNO ES ANULADO AHORA. QUEDA LIMPIO. QUEDA SANADO.

Todos los Tapones energéticos, implantes, larvas astrales, entes, dispositivos de control, dispositivos de la Matrix o cualquier otro que impida la libre circulación de energías en nuestros cuerpos es retirado ahora.

La integración en el cuerpo físico de esta esfera vibracional correspondiente a la Séfira CHESED, ubicada en la zona del hombro izquierdo, la haremos en siete meditaciones, que abarcan los tonos vibracionales del 43 al 73.

Como todo ha de estar contenido en todo, la integración se realiza en cada una de las 10 séfiras.

Hoy hacemos la quinta meditación de integración,

Para ello, DECRETO QUE.

Se integre en el físico todo que sigue AHORA.

1º- Cincuenta y uno tonos vibracionales en MALKUT - Perineo...

2º- Cincuenta y tres tonos vibracionales en YESOD - Gónadas.

3º- Cincuenta y cinco tonos vibracionales en HOD - Hígado.

4º- Cincuenta y siete tonos vibracionales en NETZACH - Bazo-Páncreas.

5º- Cincuenta y nueve tonos vibracionales en TIPHARET - Centro del Pecho.

6º- Sesenta y uno tonos vibracionales en - GEBURAD- Hombro derecho.

7º- Sesenta y tres tonos vibracionales en CHESED - Hombro izquierdo.

8º- Sesenta y cinco tonos vibracionales en BINAH - Pituitaria derecha.

9º- Sesenta y siete tonos vibracionales en CHOKMAH - Pituitaria izquierda.

10º- Sesenta y nueve tonos vibracionales en KETHER- Pineal.

Con lo cual las integraciones correspondientes al quinto nivel de CHESED quedan efectuadas.

La integración en el físico de todos estos tonos vibracionales, dependiendo de las personas, puede tardar hasta un día aproximadamente en completarse.

DIA VEINTISIETE

Decimos: Activación Guantes de Atracción (ver índice).

Hacer ejercicio para estar en el centro del corazón (ver índice).

Oir audio o leer activación flujos energéticos detallado al principio.

Oir audio y/o leer 4 veces Decreto erradicación Árbol de la Ciencia del Bien y del Mal.

Leer **Iniciación Plano Adi 7.3** como sigue:

SEPTIMO PLANO ADI, TERCER SUBPLANO PUERTA O DIA 39

ANTES DE EMPEZAR REPIRAR HONDO VARIAS VECES, RELAJARSE, PROCURAR NO SER MOLESTADO NI INTERRUMPIDO.

DECRETAMOS AHORA. Todos tus pecados registrados interna y externamente son perdonados, y el consiguiente karma anulado totalmente. QUEDA LIMPIO. QUEDA SANADO.

Es mi deseo que todos tus genes se regeneren en la perfección óptima.

DECRETAMOS AHORA. Tapones, implantes, larvas astrales, entes, dispositivos de control, dispositivos de la Matrix o cualquier otro que impida o limite la entrada de energías en sus cuerpos son retirados AHORA.

DECRETAMOS AHORA la integración en el cuerpo físico del tercer sub-plano del plano ADI.

Al arrastrar al físico las energías correspondientes a la iglesia de Laodicea, en su tercer sub-plano, se integran las energías correspondientes a este tercer sub-plano del plano Adi, más las del cuarto del Monádico, quinto del Átmico, sexto del Búdico, séptimo del Mental.

QUE ASI SE ESCRIBA AHORA CON LETRAS DE FUEGO Y ASI SE CUMPLA

MEDITACIONES ÁRBOL DE LA VIDA 10 SEFIROTH

Decimos REMEMORAR ejercicio para estar en el centro del corazón

CHESED SEXTO NIVEL

DECRETO que todo lo que sigue, sea de inmediato cumplimiento.

QUE ASI SE ESCRIBA AHORA CON LETRAS DE FUEGO Y ASI SE CUMPLA.

TODOS LOS PECADOS O KARMA NEGATIVO INTERNO Y EXTERNO ES ANULADO AHORA. QUEDA LIMPIO. QUEDA SANADO.

Todos los Tapones energéticos, implantes, larvas astrales, entes, dispositivos de control, dispositivos de la Matrix o cualquier otro que impida la libre circulación de energías en nuestros cuerpos es retirado ahora.

La integración en el cuerpo físico de esta esfera vibracional correspondiente a Séfira CHESED, ubicada en la zona del hombro izquierdo, la haremos en siete meditaciones, que abarcan los tonos vibracionales del 43 al 73.

Como todo ha de estar contenido en todo, la integración se realiza en cada una de las 10 séfiras.

Hoy hacemos la sexta meditación de integración,

Para ello, DECRETO QUE.

Se integre en el físico todo que sigue AHORA.

1º- Cincuenta y tres tonos vibracionales en MALKUT Perineo...

2º- Cincuenta y cinco tonos vibracionales en YESOD - Gónadas.

3º- Cincuenta y siete tonos vibracionales en HOD - Hígado.

4º- Cincuenta y nueve tonos vibracionales en NETZACH - Bazo-Páncreas.

5º- Sesenta y uno tonos vibracionales en TIPHARET - Centro del Pecho.

6º- Sesenta y tres tonos vibracionales en - GEBURAD- Hombro derecho.

7º- Sesenta y cinco tonos vibracionales en CHESED - Hombro izquierdo.

8º- Sesenta y siete tonos vibracionales en BINAH - Pituitaria derecha.

9º- Sesenta y nueve tonos vibracionales en CHOKMAH - Pituitaria izquierda.

10º- Setenta y uno tonos vibracionales en KETHER- Pineal.

Con lo cual las integraciones correspondientes al sexto nivel de CHESED quedan efectuadas.

La integración en el físico de todos estos tonos vibracionales, dependiendo de las personas, puede tardar hasta un día aproximadamente en completarse.

DIA VEINTIOCHO

Decimos: Activación Guantes de Atracción (ver índice).

Hacer ejercicio para estar en el centro del corazón (ver índice).

Oir audio o leer activación flujos energéticos detallado al principio.

Oir audio y/o leer 4 veces Decreto erradicación Árbol de la Ciencia del Bien y del Mal.

Leer **Iniciación Plano Adi 7.3** como sigue:

SEPTIMO PLANO ADI, TERCER SUBPLANO PUERTA O DIA 39

ANTES DE EMPEZAR REPIRAR HONDO VARIAS VECES, RELAJARSE, PROCURAR NO SER MOLESTADO NI INTERRUMPIDO.

DECRETAMOS AHORA. Todos tus pecados registrados interna y externamente son perdonados, y el consiguiente karma anulado totalmente. QUEDA LIMPIO. QUEDA SANADO.

Es mi deseo que todos tus genes se regeneren en la perfección óptima.

DECRETAMOS AHORA. Tapones, implantes, larvas astrales, entes, dispositivos de control, dispositivos de la Matrix o cualquier otro que impida o limite la entrada de energías en sus cuerpos son retirados AHORA.

DECRETAMOS AHORA la integración en el cuerpo físico del tercer sub-plano del plano ADI.

Al arrastrar al físico las energías correspondientes a la iglesia de Laodicea, en su tercer sub-plano, se integran las energías correspondientes a este tercer sub-plano del plano Adi, más las del cuarto del Monádico, quinto del Átmico, sexto del Búdico, séptimo del Mental.

QUE ASI SE ESCRIBA AHORA CON LETRAS DE FUEGO Y ASI SE CUMPLA

MEDITACIONES ÁRBOL DE LA VIDA 10 SEFIROTH

Decimos REMEMORAR ejercicio para estar en el centro del corazón

CHESED SÉPTIMO NIVEL

DECRETO que todo lo que sigue, sea de inmediato cumplimiento.

QUE ASI SE ESCRIBA AHORA CON LETRAS DE FUEGO Y ASI SE CUMPLA.

TODOS LOS PECADOS O KARMA NEGATIVO INTERNO Y EXTERNO ES ANULADO AHORA. QUEDA LIMPIO. QUEDA SANADO.

Todos los Tapones energéticos, implantes, larvas astrales, entes, dispositivos de control, dispositivos de la Matrix o cualquier otro que impida la libre circulación de energías en nuestros cuerpos es retirado ahora.

La integración en el cuerpo físico de esta esfera vibracional correspondiente a la Séfira CHESED, ubicada en la zona del hombro izquierdo, la haremos en siete meditaciones, que abarcan los tonos vibracionales del 43 al 73.

Como todo ha de estar contenido en todo, la integración se realiza en cada una de las 10 séfiras.

Hoy hacemos la séptima meditación de integración,

Para ello, DECRETO QUE.

Se integre en el físico todo que sigue AHORA.

1º- Cincuenta y cinco tonos vibracionales en MALKUT - Perineo...

2º- Cincuenta y siete tonos vibracionales en YESOD - Gónadas.

3º- Cincuenta y nueve tonos vibracionales en HOD - Hígado.

4º- Sesenta y uno tonos vibracionales en NETZACH - Bazo-Páncreas.

5º- Sesenta y tres tonos vibracionales en TIPHARET - Centro del Pecho.

6º- Sesenta y cinco tonos vibracionales en - GEBURAD-Hombro derecho.

7º- Sesenta y siete tonos vibracionales en CHESED - Hombro izquierdo.

8º- Sesenta y nueve tonos vibracionales en BINAH - Pituitaria derecha.

9º- Setenta y uno tonos vibracionales en CHOKMAH - Pituitaria izquierda.

10º- Setenta y tres tonos vibracionales en KETHER- Pineal.

Con lo cual las integraciones correspondientes al séptimo nivel de CHESED quedan efectuadas.

Hecho esto, la Séfira CHESED (EL "La Misericordia, "La Grandeza") se integra ahora totalmente en su lugar físico, zona del hombro izquierdo, y la cantidad de tonos vibracionales que le corresponden en las demás séfiras.

Notad ahora como desciende un Árbol de la Vida, con todas sus séfiras, notándose CHESED resaltada, ya que está completa.

La integración en el físico de todos estos tonos vibracionales, dependiendo de las personas, puede tardar hasta un día aproximadamente en completarse.

DIA VEINTINUEVE

Decimos: Activación Guantes de Atracción (ver índice).

Hacer ejercicio para estar en el centro del corazón (ver índice).

Oir audio o leer activación flujos energéticos detallado al principio.

Oir audio y/o leer 4 veces Decreto erradicación Árbol de la Ciencia del Bien y del Mal.

Leer **Iniciación Plano Adi 7.4** como sigue:

SEPTIMO PLANO ADI 7.4, PUERTA O DIA 43

ANTES DE EMPEZAR REPIRAR HONDO VARIAS VECES, RELAJARSE, PROCURAR NO SER MOLESTADO NI INTERRUMPIDO.

DECRETAMOS AHORA. Todos tus pecados registrados interna y externamente son perdonados, y el consiguiente karma anulado totalmente. QUEDA LIMPIO. QUEDA SANADO.

Es mi deseo que todos tus genes se regeneren en la perfección óptima.

DECRETAMOS AHORA. Tapones, implantes, larvas astrales, entes, dispositivos de control, dispositivos de la Matrix o cualquier otro que impida o limite la entrada de energías en sus cuerpos son retirados AHORA.

DECRETAMOS AHORA la integración en el cuerpo físico del cuarto sub-plano del plano ADI.

Al arrastrar al físico las energías correspondientes a la iglesia de Laodicea, en su cuarto sub-plano, se integran las energías correspondientes a este cuarto sub-plano del plano Adi, más las del quinto del Monádico, sexto del Átmico, séptimo del Búdico.

Esto es lo que ha sido denominado en la cultura Occidental como LA RESURRECCION, y, AL TERCER DIA. RESUCITO DE ENTRE LOS MUERTOS.

QUE ASI SE ESCRIBA AHORA CON LETRAS DE FUEGO Y ASI SE CUMPLA

MEDITACIONES ÁRBOL DE LA VIDA 10 SEFIROTH

Decimos REMEMORAR ejercicio para estar en el centro del corazón

BINAH PRIMER NIVEL

DECRETO que todo lo que sigue, sea de inmediato cumplimiento.

QUE ASI SE ESCRIBA AHORA CON LETRAS DE FUEGO Y ASI SE CUMPLA.

TODOS LOS PECADOS O KARMA NEGATIVO INTERNO Y EXTERNO ES ANULADO AHORA. QUEDA LIMPIO. QUEDA SANADO.

Todos los Tapones energéticos, implantes, larvas astrales, entes, dispositivos de control, dispositivos de la Matrix o cualquier otro que impida la libre circulación de energías en nuestros cuerpos es retirado ahora.

La integración en el cuerpo físico de esta esfera vibracional correspondiente a la Séfira BINAH, ubicada en la pituitaria (al lado derecho de la nariz), la haremos en ocho meditaciones, que abarcan los tonos vibracionales del 57 al 89.

Como todo ha de estar contenido en todo, la integración se

realiza en cada una de las 10 séfiras.

Hoy hacemos la primera meditación de integración,

Para ello, DECRETO QUE.

Se integre en el físico todo que sigue AHORA.

1º- Cincuenta y siete tonos vibracionales en MALKUT - Perineo...

2º- Cincuenta y nueve tonos vibracionales en YESOD - Gónadas.

3º- Sesenta y uno tonos vibracionales en HOD - Hígado.

4º- Sesenta y tres tonos vibracionales en NETZACH - Bazo-Páncreas.

5º- Sesenta y cinco tonos vibracionales en TIPHARET - Centro del Pecho.

6º- Sesenta y siete tonos vibracionales en - GEBURAD-Hombro derecho.

7º- Sesenta y nueve tonos vibracionales en CHESED - Hombro izquierdo.

8º- Setenta y uno tonos vibracionales en BINAH - Pituitaria derecha.

9º- Setenta y tres tonos vibracionales en CHOKMAH - Pituitaria izquierda.

10º- Setenta y cinco tonos vibracionales en KETHER- Pineal.

Con lo cual las integraciones correspondientes al primer nivel de BINAH quedan efectuadas.

La integración en el físico de todos estos tonos vibracionales, dependiendo de las personas, puede tardar hasta un día aproximadamente en completarse.

DIA TREINTA

Decimos: Activación Guantes de Atracción (ver índice).

Hacer ejercicio para estar en el centro del corazón (ver índice).

Oir audio o leer activación flujos energéticos detallado al principio.

Oir audio y/o leer 4 veces Decreto erradicación Árbol de la Ciencia del Bien y del Mal.

Leer **Iniciación Plano Adi 7.4** como sigue:

SEPTIMO PLANO ADI 7.4, PUERTA O DIA 43

ANTES DE EMPEZAR REPIRAR HONDO VARIAS VECES, RELAJARSE, PROCURAR NO SER MOLESTADO NI INTERRUMPIDO.

DECRETAMOS AHORA. Todos tus pecados registrados interna y externamente son perdonados, y el consiguiente karma anulado totalmente. QUEDA LIMPIO. QUEDA SANADO.

Es mi deseo que todos tus genes se regeneren en la perfección óptima.

DECRETAMOS AHORA. Tapones, implantes, larvas astrales, entes, dispositivos de control, dispositivos de la Matrix o cualquier otro que impida o limite la entrada de energías en sus cuerpos son retirados AHORA.

DECRETAMOS AHORA la integración en el cuerpo físico del cuarto sub-plano del plano ADI.

Al arrastrar al físico las energías correspondientes a la iglesia de Laodicea, en su cuarto sub-plano, se integran las energías correspondientes a este cuarto sub-plano del plano Adi, más las del quinto del Monádico, sexto del Átmico, séptimo del Búdico.

Esto es lo que ha sido denominado en la cultura Occidental como LA RESURRECCION, Y...AL TERCER DIA. RESUCITO DE ENTRE LOS MUERTOS.

QUE ASI SE ESCRIBA AHORA CON LETRAS DE FUEGO Y ASI SE CUMPLA

MEDITACIONES ÁRBOL DE LA VIDA 10 SEFIROTH

Decimos REMEMORAR ejercicio para estar en el centro del corazón

BINAH SEGUNDO NIVEL

DECRETO que todo lo que sigue, sea de inmediato cumplimiento.

QUE ASI SE ESCRIBA AHORA CON LETRAS DE FUEGO Y ASI SE CUMPLA.

TODOS LOS PECADOS O KARMA NEGATIVO INTERNO Y EXTERNO ES ANULADO AHORA. QUEDA LIMPIO. QUEDA SANADO.

Todos los Tapones energéticos, implantes, larvas astrales, entes, dispositivos de control, dispositivos de la Matrix o cualquier otro que impida la libre circulación de energías en nuestros cuerpos es retirado ahora.

La integración en el cuerpo físico de esta esfera vibracional correspondiente a la Séfira BINAH, ubicada en la pituitaria (al lado derecho de la nariz), la haremos en ocho meditaciones, que abarcan los tonos vibracionales del 57 al 89.

Como todo ha de estar contenido en todo, la integración se realiza en cada una de las 10 séfiras.

Hoy hacemos la segunda meditación de integración,

Para ello, DECRETO QUE.

Se integre en el físico todo que sigue AHORA.

1º- Cincuenta y nueve tonos vibracionales en MALKUT - Perineo...

2º- Sesenta y uno tonos vibracionales en YESOD - Gónadas.

3º- Sesenta y tres tonos vibracionales en HOD - Hígado.

4º- Sesenta y cinco tonos vibracionales en NETZACH - Bazo-Páncreas.

5º- Sesenta y siete tonos vibracionales en TIPHARET - Centro del Pecho.

6º- Sesenta y nueve tonos vibracionales en - GEBURAD-Hombro derecho.

7º- Setenta y uno tonos vibracionales en CHESED - Hombro izquierdo.

8º- Setenta y tres tonos vibracionales en BINAH - Pituitaria derecha.

9º- Setenta y cinco tonos vibracionales en CHOKMAH - Pituitaria izquierda.

10º- Setenta y siete tonos vibracionales en KETHER- Pineal.

Con lo cual las integraciones correspondientes al segundo nivel de BINAH quedan efectuadas.

La integración en el físico de todos estos tonos vibracionales, dependiendo de las personas, puede tardar hasta un día aproximadamente en completarse.

DIA TREINTA Y UNO

Decimos: Activación Guantes de Atracción (ver índice).

Hacer ejercicio para estar en el centro del corazón (ver índice).

Oir audio o leer activación flujos energéticos detallado al principio.

Oir audio y/o leer 4 veces Decreto erradicación Árbol de la Ciencia del Bien y del Mal.

Leer **Iniciación Plano Adi 7.4** como sigue:

SEPTIMO PLANO ADI 7.4, PUERTA O DIA 43

ANTES DE EMPEZAR REPIRAR HONDO VARIAS VECES, RELAJARSE, PROCURAR NO SER MOLESTADO NI INTERRUMPIDO.

DECRETAMOS AHORA. Todos tus pecados registrados interna y externamente son perdonados, y el consiguiente karma anulado totalmente. QUEDA LIMPIO. QUEDA SANADO.

Es mi deseo que todos tus genes se regeneren en la perfección óptima.

DECRETAMOS AHORA. Tapones, implantes, larvas astrales, entes, dispositivos de control, dispositivos de la Matrix o cualquier otro que impida o limite la entrada de energías en sus cuerpos son retirados AHORA.

DECRETAMOS AHORA la integración en el cuerpo físico del cuarto sub-plano del plano ADI.

Al arrastrar al físico las energías correspondientes a la iglesia de Laodicea, en su cuarto sub-plano, se integran las energías correspondientes a este cuarto sub-plano del plano Adi, más las del quinto del Monádico, sexto del Átmico, séptimo del Búdico.

Esto es lo que ha sido denominado en la cultura Occidental como LA RESURRECCION, Y... AL TERCER DIA. RESUCITO DE ENTRE LOS MUERTOS.

QUE ASI SE ESCRIBA AHORA CON LETRAS DE FUEGO Y ASI SE CUMPLA

MEDITACIONES ÁRBOL DE LA VIDA 10 SEFIROTH

Decimos REMEMORAR ejercicio para estar en el centro del corazón

BINAH TERCER NIVEL

DECRETO que todo lo que sigue, sea de inmediato cumplimiento.

QUE ASI SE ESCRIBA AHORA CON LETRAS DE FUEGO Y ASI SE CUMPLA.

TODOS LOS PECADOS O KARMA NEGATIVO INTERNO Y EXTERNO ES ANULADO AHORA. QUEDA LIMPIO. QUEDA SANADO.

Todos los Tapones energéticos, implantes, larvas astrales, entes, dispositivos de control, dispositivos de la Matrix o cualquier otro que impida la libre circulación de energías en nuestros cuerpos es retirado ahora.

La integración en el cuerpo físico de esta esfera vibracional correspondiente a la Séfira BINAH, ubicada en la pituitaria (al lado derecho de la nariz), la haremos en ocho meditaciones, que abarcan los tonos vibracionales del 57 al 89.

Como todo ha de estar contenido en todo, la integración se

realiza en cada una de las 10 séfiras.

Hoy hacemos la tercera meditación de integración,

Para ello, DECRETO QUE.

Se integre en el físico todo que sigue AHORA.

1º- Sesenta y uno tonos vibracionales en MALKUT - Perineo...

2º- Sesenta y tres tonos vibracionales en YESOD - Gónadas.

3º- Sesenta y cinco tonos vibracionales en HOD - Hígado.

4º- Sesenta y siete tonos vibracionales en NETZACH - Bazo-Páncreas.

5º- Sesenta y nueve tonos vibracionales en TIPHARET - Centro del Pecho.

6º- Setenta y uno tonos vibracionales en - GEBURAD- Hombro derecho.

7º- Setenta y tres tonos vibracionales en CHESED - Hombro izquierdo.

8º- Setenta y cinco tonos vibracionales en BINAH - Pituitaria derecha.

9º- Setenta y siete tonos vibracionales en CHOKMAH - Pituitaria izquierda.

10º- Setenta y nueve tonos vibracionales en KETHER- Pineal.

Con lo cual las integraciones correspondientes al tercer nivel de BINAH quedan efectuadas.

La integración en el físico de todos estos tonos vibracionales, dependiendo de las personas, puede tardar hasta un día aproximadamente en completarse.

DIA TREINTA Y DOS

Decimos: Activación Guantes de Atracción (ver índice).

Hacer ejercicio para estar en el centro del corazón (ver índice).

Oir audio o leer activación flujos energéticos detallado al principio.

Oir audio y/o leer 4 veces Decreto erradicación Árbol de la Ciencia del Bien y del Mal.

Leer **Iniciación Plano Adi 7.5** como sigue:

SEPTIMO PLANO ADI. QUINTO SUBPLANO PUERTA O DIA 46

ANTES DE EMPEZAR REPIRAR HONDO VARIAS VECES, RELAJARSE, PROCURAR NO SER MOLESTADO NI INTERRUMPIDO.

DECRETAMOS AHORA. Todos tus pecados registrados interna y externamente son perdonados, y el consiguiente karma anulado totalmente. QUEDA LIMPIO. QUEDA SANADO.

Es mi deseo que todos tus genes se regeneren en la perfección óptima.

DECRETAMOS AHORA. Tapones, implantes, larvas astrales, entes, dispositivos de control, dispositivos de la Matrix o cualquier otro que impida o limite la entrada de energías en sus cuerpos son retirados AHORA.

DECRETAMOS AHORA la integración en el cuerpo físico del quinto sub-plano del plano ADI.

Al arrastrar al físico las energías correspondientes a la iglesia de Laodicea, en su quinto sub-plano, se integran las energías correspondientes a este quinto sub-plano del plano Adi, más las del sexto del Monádico y séptimo del Átmico.

Esto es lo que ha sido denominado en la cultura Occidental como EL PERDON DE LOS PECADOS, con la consiguiente regeneración genética.

QUE ASI SE ESCRIBA AHORA CON LETRAS DE FUEGO Y ASI SE CUMPLA

MEDITACIONES ÁRBOL DE LA VIDA 10 SEFIROTH

Decimos REMEMORAR ejercicio para estar en el centro del corazón

BINAH CUARTO NIVEL

DECRETO que todo lo que sigue, sea de inmediato cumplimiento.

QUE ASI SE ESCRIBA AHORA CON LETRAS DE FUEGO Y ASI SE CUMPLA.

TODOS LOS PECADOS O KARMA NEGATIVO INTERNO Y EXTERNO ES ANULADO AHORA. QUEDA LIMPIO. QUEDA SANADO.

Todos los Tapones energéticos, implantes, larvas astrales, entes, dispositivos de control, dispositivos de la Matrix o cualquier otro que impida la libre circulación de energías en nuestros cuerpos es retirado ahora.

La integración en el cuerpo físico de esta esfera vibracional correspondiente a la Séfira BINAH, ubicada en la pituitaria (al lado derecho de la nariz) la haremos en ocho meditaciones, que abarcan los tonos vibracionales del 57 al 89.

Como todo ha de estar contenido en todo, la integración se

realiza en cada una de las 10 séfiras.

Hoy hacemos la cuarta meditación de integración,

Para ello, DECRETO QUE.

Se integre en el físico todo que sigue AHORA.

1°- Sesenta y tres tonos vibracionales en MALKUT - Perineo.

2°- Sesenta y cinco tonos vibracionales en YESOD-Gónadas.

3°- Sesenta y siete tonos vibracionales en HOD - Hígado.

4°- Sesenta y nueve tonos vibracionales en NETZACH - Bazo-Páncreas.

5°- Setenta y uno tonos vibracionales en TIPHARET - Centro del Pecho.

6°- Setenta y tres tonos vibracionales en - GEBURAD- Hombro derecho.

7°- Setenta y cinco tonos vibracionales en CHESED - Hombro izquierdo.

8°- Setenta y siete tonos vibracionales en BINAH - Pituitaria derecha.

9°- Setenta y nueve tonos vibracionales en CHOKMAH - Pituitaria izquierda.

10°- Ochenta y uno tonos vibracionales en KETHER- Pineal.

Con lo cual las integraciones correspondientes al cuarto nivel de BINAH quedan efectuadas.

La integración en el físico de todos estos tonos vibracionales, dependiendo de las personas, puede tardar hasta un día aproximadamente en completarse.

DIA TREINTA Y TRES

Decimos: Activación Guantes de Atracción (ver índice).

Hacer ejercicio para estar en el centro del corazón (ver índice).

Oir audio o leer activación flujos energéticos detallado al principio.

Oir audio y/o leer 4 veces Decreto erradicación Árbol de la Ciencia del Bien y del Mal.

Leer **Iniciación Plano Adi 7.5** como sigue:

SEPTIMO PLANO ADI. QUINTO SUBPLANO PUERTA O DIA 46

ANTES DE EMPEZAR REPIRAR HONDO VARIAS VECES, RELAJARSE, PROCURAR NO SER MOLESTADO NI INTERRUMPIDO.

DECRETAMOS AHORA. Todos tus pecados registrados interna y externamente son perdonados, y el consiguiente karma anulado totalmente. QUEDA LIMPIO. QUEDA SANADO.

Es mi deseo que todos tus genes se regeneren en la perfección óptima.

DECRETAMOS AHORA. Tapones, implantes, larvas astrales, entes, dispositivos de control, dispositivos de la Matrix o cualquier otro que impida o limite la entrada de energías en sus cuerpos son retirados AHORA.

DECRETAMOS AHORA la integración en el cuerpo físico del quinto sub-plano del plano ADI.

Al arrastrar al físico las energías correspondientes a la iglesia de Laodicea, en su quinto sub-plano, se integran las energías correspondientes a este quinto sub-plano del plano Adi, más las del sexto del Monádico y séptimo del Átmico.

Esto es lo que ha sido denominado en la cultura Occidental como EL PERDON DE LOS PECADOS, con la consiguiente regeneración genética.

QUE ASI SE ESCRIBA AHORA CON LETRAS DE FUEGO Y ASI SE CUMPLA

MEDITACIONES ÁRBOL DE LA VIDA 10 SEFIROTH

Decimos REMEMORAR ejercicio para estar en el centro del corazón

BINAH QUINTO NIVEL

DECRETO que todo lo que sigue, sea de inmediato cumplimiento.

QUE ASI SE ESCRIBA AHORA CON LETRAS DE FUEGO Y ASI SE CUMPLA.

TODOS LOS PECADOS O KARMA NEGATIVO INTERNO Y EXTERNO ES ANULADO AHORA. QUEDA LIMPIO. QUEDA SANADO.

Todos los Tapones energéticos, implantes, larvas astrales, entes, dispositivos de control, dispositivos de la Matrix o cualquier otro que impida la libre circulación de energías en nuestros cuerpos es retirado ahora.

La integración en el cuerpo físico de esta esfera vibracional correspondiente a la Séfira BINAH, ubicada en la pituitaria (al lado derecho de la nariz), la haremos en ocho meditaciones, que abarcan los tonos vibracionales del 57 al 89.

Como todo ha de estar contenido en todo, la integración se realiza en cada una de las 10 séfiras.

Hoy hacemos la quinta meditación de integración,

Para ello, DECRETO QUE.

Se integre en el físico todo que sigue AHORA.

1º- Sesenta y cinco tonos vibracionales en MALKUT - Perineo.

2º- Sesenta y siete tonos vibracionales en YESOD- Gónadas.

3º- Sesenta y nueve tonos vibracionales en HOD - Hígado.

4º- Setenta y uno tonos vibracionales en NETZACH - Bazo- Páncreas.

5º- Setenta y tres tonos vibracionales en TIPHARET - Centro del Pecho.

6º- Setenta y cinco tonos vibracionales en - GEBURAD- Hombro derecho.

7º- Setenta y siete tonos vibracionales en CHESED - Hombro izquierdo.

8º- Setenta y nueve tonos vibracionales en BINAH - Pituitaria derecha.

9º- Ochenta y uno tonos vibracionales en CHOKMAH - Pituitaria izquierda.

10º- Ochenta y tres tonos vibracionales en KETHER- Pineal.

Con lo cual las integraciones correspondientes al quinto nivel de BINAH quedan efectuadas.

La integración en el físico de todos estos tonos vibracionales, dependiendo de las personas, puede tardar hasta un día aproximadamente en completarse.

DIA TREINTA Y CUATRO

Decimos: Activación Guantes de Atracción (ver índice).

Hacer ejercicio para estar en el centro del corazón (ver índice).

Oir audio o leer activación flujos energéticos detallado al principio.

Oir audio y/o leer 4 veces Decreto erradicación Árbol de la Ciencia del Bien y del Mal.

Leer **Iniciación Plano Adi 7.5** como sigue:

SEPTIMO PLANO ADI. QUINTO SUBPLANO PUERTA O DIA 46

ANTES DE EMPEZAR REPIRAR HONDO VARIAS VECES, RELAJARSE, PROCURAR NO SER MOLESTADO NI INTERRUMPIDO.

DECRETAMOS AHORA. Todos tus pecados registrados interna y externamente son perdonados, y el consiguiente karma anulado totalmente. QUEDA LIMPIO. QUEDA SANADO.

Es mi deseo que todos tus genes se regeneren en la perfección óptima.

DECRETAMOS AHORA. Tapones, implantes, larvas astrales, entes, dispositivos de control, dispositivos de la Matrix o cualquier otro que impida o limite la entrada de energías en sus cuerpos son retirados AHORA.

DECRETAMOS AHORA la integración en el cuerpo físico del quinto sub-plano del plano ADI.

Al arrastrar al físico las energías correspondientes a la iglesia de Laodicea, en su quinto sub-plano, se integran las energías correspondientes a este quinto sub-plano del plano Adi, más las del sexto del Monádico y séptimo del Átmico.

Esto es lo que ha sido denominado en la cultura Occidental como EL PERDON DE LOS PECADOS, con la consiguiente regeneración genética.

QUE ASI SE ESCRIBA AHORA CON LETRAS DE FUEGO Y ASI SE CUMPLA

MEDITACIONES ÁRBOL DE LA VIDA 10 SEFIROTH

Decimos REMEMORAR ejercicio para estar en el centro del corazón

BINAH SEXTO NIVEL

DECRETO que todo lo que sigue, sea de inmediato cumplimiento.

QUE ASI SE ESCRIBA AHORA CON LETRAS DE FUEGO Y ASI SE CUMPLA.

TODOS LOS PECADOS O KARMA NEGATIVO INTERNO Y EXTERNO ES ANULADO AHORA. QUEDA LIMPIO. QUEDA SANADO.

Todos los Tapones energéticos, implantes, larvas astrales, entes, dispositivos de control, dispositivos de la Matrix o cualquier otro que impida la libre circulación de energías en nuestros cuerpos es retirado ahora.

La integración en el cuerpo físico de esta esfera vibracional correspondiente a la Séfira BINAH, ubicada en la pituitaria (al lado derecho de la nariz), la haremos en ocho meditaciones, que abarcan los tonos vibracionales del 57 al 89.

Como todo ha de estar contenido en todo, la integración se

realiza en cada una de las 10 séfiras.

Hoy hacemos la sexta meditación de integración,

Para ello, DECRETO QUE.

Se integre en el físico todo que sigue AHORA.

1º- Sesenta y siete tonos vibracionales en MALKUT - Perineo...

2º- Sesenta y nueve tonos vibracionales en YESOD- Gónadas.

3º- Setenta y uno tonos vibracionales en HOD - Hígado.

4º- Setenta y tres tonos vibracionales en NETZACH - Bazo- Páncreas.

5º- Setenta y cinco tonos vibracionales en TIPHARET - Centro del Pecho.

6º- Setenta y siete tonos vibracionales en - GEBURAD- Hombro derecho.

7º- Setenta y nueve tonos vibracionales en CHESED - Hombro izquierdo.

8º- Ochenta y uno tonos vibracionales en BINAH - Pituitaria derecha.

9º- Ochenta y tres tonos vibracionales en CHOKMAH - Pituitaria izquierda.

10º- Ochenta y cinco tonos vibracionales en KETHER- Pineal.

Con lo cual las integraciones correspondientes al sexto nivel de BINAH quedan efectuadas.

La integración en el físico de todos estos tonos vibracionales, dependiendo de las personas, puede tardar hasta un día aproximadamente en completarse.

.DIA TREINTA Y CINCO

Decimos: Activación Guantes de Atracción (ver índice).

Hacer ejercicio para estar en el centro del corazón (ver índice).

Oir audio o leer activación flujos energéticos detallado al principio.

Oir audio y/o leer 4 veces Decreto erradicación Árbol de la Ciencia del Bien y del Mal.

Leer **Iniciación Plano Adi 7.6** como sigue:

SEPTIMO PLANO ADI. SEXTO SUBPLANO PUERTA O DIA 48

ANTES DE EMPEZAR REPIRAR HONDO VARIAS VECES, RELAJARSE, PROCURAR NO SER MOLESTADO NI INTERRUMPIDO.

DECRETAMOS AHORA. Todos tus pecados registrados interna y externamente son perdonados, y el consiguiente karma anulado totalmente. QUEDA LIMPIO. QUEDA SANADO.

Es mi deseo que todos tus genes se regeneren en la perfección óptima.

DECRETAMOS AHORA. Tapones, implantes, larvas astrales, entes, dispositivos de control, dispositivos de la Matrix o cualquier otro que impida o limite la entrada de energías en sus cuerpos son retirados AHORA.

DECRETAMOS AHORA la integración en el cuerpo físico del sexto sub-plano del plano ADI

Al arrastrar al físico las energías correspondientes a la iglesia de Laodicea, en su sexto sub-plano, se integran las energías correspondientes a este sexto sub-plano del plano Adi, más las del séptimo del Monádico.

Esto es lo que ha sido denominado por la Cultura Occidental LA ASCENSION A LOS CIELOS. A los 40 días ascendió a los cielos y está sentado a la Derecha del Padre.

QUE ASI SE ESCRIBA AHORA CON LETRAS DE FUEGO Y ASI SE CUMPLA

MEDITACIONES ÁRBOL DE LA VIDA 10 SEFIROTH

Decimos REMEMORAR ejercicio para estar en el centro del corazón

BINAH SÉPTIMO NIVEL

DECRETO que todo lo que sigue, sea de inmediato cumplimiento.

QUE ASI SE ESCRIBA AHORA CON LETRAS DE FUEGO Y ASI SE CUMPLA.

TODOS LOS PECADOS O KARMA NEGATIVO INTERNO Y EXTERNO ES ANULADO AHORA. QUEDA LIMPIO. QUEDA SANADO.

Todos los Tapones energéticos, implantes, larvas astrales, entes, dispositivos de control, dispositivos de la Matrix o cualquier otro que impida la libre circulación de energías en nuestros cuerpos es retirado ahora.

La integración en el cuerpo físico de esta esfera vibracional correspondiente a la Séfira BINAH, ubicada en la pituitaria (al lado derecho de la nariz), la haremos en ocho meditaciones, que abarcan los tonos vibracionales del 57 al 89.

Como todo ha de estar contenido en todo, la integración se realiza en cada una de las 10 séfiras.

Hoy hacemos la séptima meditación de integración,

Para ello, DECRETO QUE.

Se integre en el físico todo que sigue AHORA.

1º- Sesenta y nueve tonos vibracionales en MALKUT - Perineo...

2º- Setenta y uno tonos vibracionales en YESOD- Gónadas.

3º- Setenta y tres tonos vibracionales en HOD - Hígado.

4°- Setenta y cinco tonos vibracionales en NETZACH - Bazo-Páncreas.

5°- Setenta y siete tonos vibracionales en TIPHARET - Centro del Pecho.

6°- Setenta y nueve tonos vibracionales en - GEBURAD-Hombro derecho.

7°- Ochenta y uno tonos vibracionales en CHESED - Hombro izquierdo.

8°- Ochenta y tres tonos vibracionales en BINAH - Pituitaria derecha.

9°- Ochenta y cinco tonos vibracionales en CHOKMAH - Pituitaria izquierda.

10°- Ochenta y siete tonos vibracionales en KETHER- Pineal.

Con lo cual las integraciones correspondientes al séptimo nivel de BINAH quedan efectuadas.

La integración en el físico de todos estos tonos vibracionales, dependiendo de las personas, puede tardar hasta un día aproximadamente en completarse.

DIA TREINTA Y SEIS

Decimos: Activación Guantes de Atracción (ver índice).

Hacer ejercicio para estar en el centro del corazón (ver índice).

Oir audio o leer activación flujos energéticos detallado al principio.

Oir audio y/o leer 4 veces Decreto erradicación Árbol de la Ciencia del Bien y del Mal.

Leer **Iniciación Plano Adi 7.6** como sigue:

SEPTIMO PLANO ADI. SEXTO SUBPLANO PUERTA O DIA 48

ANTES DE EMPEZAR REPIRAR HONDO VARIAS VECES, RELAJARSE, PROCURAR NO SER MOLESTADO NI INTERRUMPIDO.

DECRETAMOS AHORA. Todos tus pecados registrados interna y externamente son perdonados, y el consiguiente karma anulado totalmente. QUEDA LIMPIO. QUEDA SANADO.

Es mi deseo que todos tus genes se regeneren en la perfección óptima.

DECRETAMOS AHORA. Tapones, implantes, larvas astrales, entes, dispositivos de control, dispositivos de la Matrix o cualquier otro que impida o limite la entrada de energías en sus cuerpos son retirados AHORA.

DECRETAMOS AHORA la integración en el cuerpo físico del sexto sub-plano del plano ADI

Al arrastrar al físico las energías correspondientes a la iglesia de Laodicea, en su sexto sub-plano, se integran las energías correspondientes a este sexto sub-plano del plano Adi, más las del séptimo del Monádico.

Esto es lo que ha sido denominado por la Cultura Occidental LA ASCENSION A LOS CIELOS. A los 40 días ascendió a los cielos y está sentado a la Derecha del Padre.

QUE ASI SE ESCRIBA AHORA CON LETRAS DE FUEGO Y ASI SE CUMPLA

MEDITACIONES ÁRBOL DE LA VIDA 10 SEFIROTH

Decimos REMEMORAR ejercicio para estar en el centro del corazón

BINAH OCTAVO NIVEL

DECRETO que todo lo que sigue, sea de inmediato cumplimiento.

QUE ASI SE ESCRIBA AHORA CON LETRAS DE FUEGO Y ASI SE CUMPLA.

TODOS LOS PECADOS O KARMA NEGATIVO INTERNO Y EXTERNO ES ANULADO AHORA. QUEDA LIMPIO. QUEDA SANADO.

Todos los Tapones energéticos, implantes, larvas astrales, entes, dispositivos de control, dispositivos de la Matrix o cualquier otro que impida la libre circulación de energías en nuestros cuerpos es retirado ahora.

La integración en el cuerpo físico de esta esfera vibracional correspondiente a Séfira BINAH, ubicada en la pituitaria (al lado derecho de la nariz), la haremos en ocho meditaciones, que abarcan los tonos vibracionales del 57 al 89.

Como todo ha de estar contenido en todo, la integración se realiza en cada una de las 10 séfiras.

Hoy hacemos la octava meditación de integración,

Para ello, DECRETO QUE.

Se integre en el físico todo que sigue AHORA.

1º- Setenta y uno tonos vibracionales en MALKUT - Perineo...

2º- Setenta y tres tonos vibracionales en YESOD- Gónadas.

3º- Setenta y cinco tonos vibracionales en HOD - Hígado.

4°- Setenta y siete tonos vibracionales en NETZACH - Bazo-Páncreas.

5°- Setenta y nueve tonos vibracionales en TIPHARET - Centro del Pecho.

6°- Ochenta y uno tonos vibracionales en - GEBURAD-Hombro derecho.

7°- Ochenta y tres tonos vibracionales en CHESED - Hombro izquierdo.

8°- Ochenta y cinco tonos vibracionales en BINAH - Pituitaria derecha.

9°- Ochenta y siete tonos vibracionales en CHOKMAH - Pituitaria izquierda.

10°- Ochenta y nueve tonos vibracionales en KETHER-Pineal.

Con lo cual las integraciones correspondientes al octavo nivel de BINAH quedan efectuadas.

Hecho esto, la Séfira BINAH (Y.H.V.H. ELOHIM " El Señor Dios") se integra ahora totalmente en su lugar físico, zona de la pituitaria, al lado derecho de la nariz, y la cantidad de tonos vibracionales que le corresponden en las demás séfiras.

Notad ahora como desciende un Árbol de la Vida, con todas sus séfiras, notándose BINAH resaltada, ya que está completa.

Mientras va bajando e integrándose totalmente en el físico, seguimos centrados en nuestro corazón, en nuestra esencia, respirando la Luz Viva de la burbuja, fluyendo, fluyendo, fluyendo.

La integración en el físico de todos estos tonos vibracionales, dependiendo de las personas, puede tardar hasta un día aproximadamente en completarse.

DIA TREINTA Y SIETE

Decimos: Activación Guantes de Atracción (ver índice).

Hacer ejercicio para estar en el centro del corazón (ver índice).

Oir audio o leer activación flujos energéticos detallado al principio.

Oir audio y/o leer 4 veces Decreto erradicación Árbol de la Ciencia del Bien y del Mal.

Leer **Iniciación Plano Adi 7.6** como sigue:

SEPTIMO PLANO ADI. SEXTO SUBPLANO PUERTA O DIA 48

ANTES DE EMPEZAR REPIRAR HONDO VARIAS VECES, RELAJARSE, PROCURAR NO SER MOLESTADO NI INTERRUMPIDO.

DECRETAMOS AHORA. Todos tus pecados registrados interna y externamente son perdonados, y el consiguiente karma anulado totalmente. QUEDA LIMPIO. QUEDA SANADO.

Es mi deseo que todos tus genes se regeneren en la perfección óptima.

DECRETAMOS AHORA. Tapones, implantes, larvas astrales, entes, dispositivos de control, dispositivos de la Matrix o cualquier otro que impida o limite la entrada de energías en sus cuerpos son retirados AHORA.

DECRETAMOS AHORA la integración en el cuerpo físico del sexto sub-plano del plano ADI

Al arrastrar al físico las energías correspondientes a la iglesia de Laodicea, en su sexto sub-plano, se integran las energías correspondientes a este sexto sub-plano del plano Adi, más las del séptimo del Monádico.

Esto es lo que ha sido denominado por la Cultura Occidental LA ASCENSION A LOS CIELOS.A los 40 días ascendió a los cielos y está sentado a la Derecha del Padre.

QUE ASI SE ESCRIBA AHORA CON LETRAS DE FUEGO Y ASI SE CUMPLA

MEDITACIONES ÁRBOL DE LA VIDA 10 SEFIROTH
Decimos REMEMORAR ejercicio para estar en el centro del corazón

CHOKMAH PRIMER NIVEL

DECRETO que todo lo que sigue, sea de inmediato cumplimiento.

QUE ASI SE ESCRIBA AHORA CON LETRAS DE FUEGO Y ASI SE CUMPLA.

TODOS LOS PECADOS O KARMA NEGATIVO INTERNO Y EXTERNO ES ANULADO AHORA. QUEDA LIMPIO. QUEDA SANADO.

Todos los Tapones energéticos, implantes, larvas astrales, entes, dispositivos de control, dispositivos de la Matrix o cualquier otro que impida la libre circulación de energías en nuestros cuerpos es retirado ahora.

La integración en el cuerpo físico de esta esfera vibracional correspondiente a la Séfira CHOKMAH, ubicada en la pituitaria (al lado izquierdo de la nariz), la haremos en nueve meditaciones, que abarcan los tonos vibracionales del 73 al 107.

Como todo ha de estar contenido en todo, la integración se realiza en cada una de las 10 séfiras.

Hoy hacemos la primera meditación de integración,

Para ello, DECRETO QUE.

Se integre en el físico todo que sigue AHORA.

1º- Setenta y tres tonos vibracionales en MALKUT - Perineo...

2º- Setenta y cinco tonos vibracionales en YESOD - Gónadas.

3º- Setenta y siete tonos vibracionales en HOD - Hígado.

4º- Setenta y nueve tonos vibracionales en NETZACH - Bazo-Páncreas.

5º- Ochenta y uno tonos vibracionales en TIPHARET - Centro del Pecho.

6º- Ochenta y tres tonos vibracionales en - GEBURAD-Hombro derecho.

7º- Ochenta y cinco tonos vibracionales en CHESED - Hombro izquierdo.

8º- Ochenta y siete tonos vibracionales en BINAH - Pituitaria derecha.

9º- Ochenta y nueve tonos vibracionales en CHOKMAH - Pituitaria izquierda.

10º- Noventa y uno tonos vibracionales en KETHER- Pineal.

Con lo cual las integraciones correspondientes al primer nivel de CHOKMAH quedan efectuadas.

La integración en el físico de todos estos tonos vibracionales, dependiendo de las personas, puede tardar hasta un día aproximadamente en completarse.

DIA TREINTA Y OCHO

Decimos: Activación Guantes de Atracción (ver índice).

Hacer ejercicio para estar en el centro del corazón (ver índice).

Oir audio o leer activación flujos energéticos detallados al principio.

Oir audio y/o leer Decreto erradicación Árbol de la Ciencia del Bien y del Mal **una hora seguida.**

Leer **Iniciación Plano Adi 7.7** como sigue:

SEPTIMO PLANO ADI. SEPTIMO SUBPLANO. PUERTA O DIA 49

ANTES DE EMPEZAR REPIRAR HONDO VARIAS VECES, RELAJARSE, PROCURAR NO SER MOLESTADO NI INTERRUMPIDO.

DECRETAMOS AHORA. Todos tus pecados registrados interna y externamente son perdonados, y el consiguiente karma anulado totalmente. QUEDA LIMPIO. QUEDA SANADO.

Es mi deseo que todos tus genes se regeneren en la perfección óptima.

DECRETAMOS AHORA. Tapones, implantes, larvas astrales, entes, dispositivos de control, dispositivos de la Matrix o cualquier otro que impida o limite la entrada de energías en sus cuerpos son retirados AHORA.

DECETAMOS AHORA la integración en el cuerpo físico del séptimo sub-plano del plano ADI.

Al arrastrar al físico las energías correspondientes a la iglesia de Laodicea, en su séptimo sub-plano, se integran las energías correspondientes a este séptimo sub-plano del plano Adi.

EL AMEN EN LA CULTURA OCCIDENTAL-

QUE ASI SE ESCRIBA AHORA CON LETRAS DE FUEGO Y ASI SE CUMPLA

MEDITACIONES ÁRBOL DE LA VIDA 10 SEFIROTH
Decimos REMEMORAR ejercicio para estar en el centro del corazón
CHOKMAH SEGUNDO NIVEL

DECRETO que todo lo que sigue, sea de inmediato cumplimiento.

QUE ASI SE ESCRIBA AHORA CON LETRAS DE FUEGO Y ASI SE CUMPLA.

TODOS LOS PECADOS O KARMA NEGATIVO INTERNO Y EXTERNO ES ANULADO AHORA. QUEDA LIMPIO. QUEDA SANADO.

Todos los Tapones energéticos, implantes, larvas astrales, entes, dispositivos de control, dispositivos de la Matrix o cualquier otro que impida la libre circulación de energías en nuestros cuerpos es retirado ahora.

La integración en el cuerpo físico de esta esfera vibracional correspondiente a Séfira CHOKMAH, ubicada en la pituitaria (al lado izquierdo de la nariz), la haremos en nueve meditaciones, que abarcan los tonos vibracionales del 73 al 107.

Como todo ha de estar contenido en todo, la integración se realiza en cada una de las 10 séfiras.

Hoy hacemos la segunda meditación de integración,

Para ello, DECRETO QUE.

Se integre en el físico todo que sigue AHORA.

1º- Setenta y cinco tonos vibracionales en MALKUT - Perineo...

2º- Setenta y siete tonos vibracionales en YESOD - Gónadas.

3º- Setenta y nueve tonos vibracionales en HOD - Hígado.

4º- Ochenta y uno tonos vibracionales en NETZACH - Bazo-Páncreas.

5º- Ochenta y tres tonos vibracionales en TIPHARET - Centro del Pecho.

6º- Ochenta y cinco tonos vibracionales en - GEBURAD- Hombro derecho.

7º- Ochenta y siete tonos vibracionales en CHESED - Hombro izquierdo.

8º- Ochenta y nueve tonos vibracionales en BINAH - Pituitaria derecha.

9º- Noventa y uno tonos vibracionales en CHOKMAH - Pituitaria izquierda.

10º- Noventa y tres tonos vibracionales en KETHER- Pineal.

Con lo cual las integraciones correspondientes al segundo nivel de CHOKMAH quedan efectuadas.

La integración en el físico de todos estos tonos vibracionales, dependiendo de las personas, puede tardar hasta un día aproximadamente en completarse.

DIA TREINTA Y NUEVE

Decimos: Activación Guantes de Atracción (ver índice).

Hacer ejercicio para estar en el centro del corazón (ver índice).

Oir audio o leer activación flujos energéticos detallado al principio.

Oir audio y/o leer Decreto erradicación Árbol de la Ciencia del Bien y del Mal **una hora seguida.**

Leer **Iniciación Plano Adi 7.7** como sigue:

SEPTIMO PLANO ADI. SEPTIMO SUBPLANO. PUERTA O DIA 49

ANTES DE EMPEZAR REPIRAR HONDO VARIAS VECES, RELAJARSE, PROCURAR NO SER MOLESTADO NI INTERRUMPIDO.

DECRETAMOS AHORA. Todos tus pecados registrados interna y externamente son perdonados, y el consiguiente karma anulado totalmente. QUEDA LIMPIO. QUEDA SANADO.

Es mi deseo que todos tus genes se regeneren en la perfección óptima.

DECRETAMOS AHORA. Tapones, implantes, larvas astrales, entes, dispositivos de control, dispositivos de la Matrix o cualquier otro que impida o limite la entrada de energías en sus cuerpos son retirados AHORA.

DECRETAMOS AHORA la integración en el cuerpo físico del séptimo sub-plano del plano ADI.

Al arrastrar al físico las energías correspondientes a la iglesia de Laodicea, en su séptimo sub-plano, se integran las energías correspondientes a este séptimo sub-plano del plano Adi.

EL AMEN EN LA CULTURA OCCIDENTAL-

QUE ASI SE ESCRIBA AHORA CON LETRAS DE FUEGO Y ASI SE CUMPLA

MEDITACIONES ÁRBOL DE LA VIDA 10 SEFIROTH
Decimos REMEMORAR ejercicio para estar en el centro del corazón
CHOKMAH TERCER NIVEL

DECRETO que todo lo que sigue, sea de inmediato cumplimiento.

QUE ASI SE ESCRIBA AHORA CON LETRAS DE FUEGO Y ASI SE CUMPLA.

TODOS LOS PECADOS O KARMA NEGATIVO INTERNO Y EXTERNO ES ANULADO AHORA. QUEDA LIMPIO. QUEDA SANADO.

Todos los Tapones energéticos, implantes, larvas astrales, entes, dispositivos de control, dispositivos de la Matrix o cualquier otro que impida la libre circulación de energías en nuestros cuerpos es retirado ahora.

La integración en el cuerpo físico de esta esfera vibracional correspondiente a Séfira CHOKMAH, ubicada en la pituitaria (al lado izquierdo de la nariz), la haremos en nueve meditaciones, que abarcan los tonos vibracionales del 73 al 107.

Como todo ha de estar contenido en todo, la integración se realiza en cada una de las 10 séfiras.

Hoy hacemos la tercera meditación de integración,

Para ello, DECRETO QUE.

Se integre en el físico todo que sigue AHORA.

1º- Setenta y siete tonos vibracionales en MALKUT - Perineo...

2º- Setenta y nueve tonos vibracionales en YESOD - Gónadas.

3º- Ochenta y uno tonos vibracionales en HOD - Hígado.

4º- Ochenta y tres tonos vibracionales en NETZACH - Bazo-Páncreas.

5º- Ochenta y cinco tonos vibracionales en TIPHARET - Centro del Pecho.

6º- Ochenta y siete tonos vibracionales en - GEBURAD-Hombro derecho.

7º- Ochenta y nueve tonos vibracionales en CHESED - Hombro izquierdo.

8º- Noventa y uno tonos vibracionales en BINAH - Pituitaria derecha.

9º- Noventa y tres tonos vibracionales en CHOKMAH - Pituitaria izquierda.

10º- Noventa y cinco tonos vibracionales en KETHER-Pineal.

Con lo cual las integraciones correspondientes al tercer nivel de CHOKMAH quedan efectuadas.

La integración en el físico de todos estos tonos vibracionales, dependiendo de las personas, puede tardar hasta un día aproximadamente en completarse.

DIA CUARENTA

Decimos: Activación Guantes de Atracción (ver índice).

Hacer ejercicio para estar en el centro del corazón (ver índice).
Oir audio o leer activación flujos energéticos detallado al principio.

Oir audio y/o leer Decreto erradicación Árbol de la Ciencia del Bien y del Mal **una hora seguida.**

Leer **Iniciación Plano Adi 7.7** como sigue:

SEPTIMO PLANO ADI. SEPTIMO SUBPLANO. PUERTA O DIA 49

ANTES DE EMPEZAR REPIRAR HONDO VARIAS VECES, RELAJARSE, PROCURAR NO SER MOLESTADO NI INTERRUMPIDO.

DECRETAMOS AHORA. Todos tus pecados registrados interna y externamente son perdonados, y el consiguiente karma anulado totalmente. QUEDA LIMPIO. QUEDA SANADO.

Es mi deseo que todos tus genes se regeneren en la perfección óptima.

DECRETAMOS AHORA. Tapones, implantes, larvas astrales, entes, dispositivos de control, dispositivos de la Matrix o cualquier otro que impida o limite la entrada de energías en sus cuerpos son retirados AHORA.

DECRETAMOS AHORA la integración en el cuerpo físico del séptimo sub-plano del plano ADI.

Al arrastrar al físico las energías correspondientes a la iglesia de Laodicea, en su séptimo sub-plano, se integran las energías correspondientes a este séptimo sub-plano del plano Adi.

EL AMEN EN LA CULTURA OCCIDENTAL-

QUE ASI SE ESCRIBA AHORA CON LETRAS DE FUEGO Y ASI SE CUMPLA

MEDITACIONES ÁRBOL DE LA VIDA 10 SEFIROTH
Decimos REMEMORAR ejercicio para estar en el centro del corazón

CHOKMAH CUARTO NIVEL

DECRETO que todo lo que sigue, sea de inmediato cumplimiento.

QUE ASI SE ESCRIBA AHORA CON LETRAS DE FUEGO Y ASI SE CUMPLA.

TODOS LOS PECADOS O KARMA NEGATIVO INTERNO Y EXTERNO ES ANULADO AHORA. QUEDA LIMPIO. QUEDA SANADO.

Todos los Tapones energéticos, implantes, larvas astrales, entes, dispositivos de control, dispositivos de la Matrix o cualquier otro que impida la libre circulación de energías en nuestros cuerpos es retirado ahora.

La integración en el cuerpo físico de esta esfera vibracional correspondiente a la Séfira CHOKMAH, ubicada en la pituitaria (al lado izquierdo de la nariz), la haremos en nueve meditaciones, que abarcan los tonos vibracionales del 73 al 107.

Como todo ha de estar contenido en todo, la integración se realiza en cada una de las 10 séfiras.

Hoy hacemos la cuarta meditación de integración,

Para ello, DECRETO QUE.

Se integre en el físico todo que sigue AHORA.

1º- Setenta y nueve tonos vibracionales en MALKUT - Perineo...

2º- Ochenta y uno tonos vibracionales en YESOD - Gónadas.

3º- Ochenta y tres tonos vibracionales en HOD - Hígado.

4º- Ochenta y cinco tonos vibracionales en NETZACH - Bazo-Páncreas.

5º- Ochenta y siete tonos vibracionales en TIPHARET - Centro del Pecho.

6º- Ochenta y nueve tonos vibracionales en - GEBURAD-Hombro derecho.

7º- Noventa y uno tonos vibracionales en CHESED - Hombro izquierdo.

8º- Noventa y tres tonos vibracionales en BINAH - Pituitaria derecha.

9º- Noventa y cinco tonos vibracionales en CHOKMAH - Pituitaria izquierda.

10º- Noventa y siete tonos vibracionales en KETHER- Pineal.

Con lo cual las integraciones correspondientes al cuarto nivel de CHOKMAH quedan efectuadas.

La integración en el físico de todos estos tonos vibracionales, dependiendo de las personas, puede tardar hasta un día aproximadamente en completarse.

DIA CUARENTA Y UNO

Decimos: Activación Guantes de Atracción (ver índice).

Hacer ejercicio para estar en el centro del corazón (ver índice).

Oir audio o leer activación flujos energéticos detallado al principio.

Oir audio y/o leer Decreto erradicación Árbol de la Ciencia del Bien y del Mal

Repetir audición o lectura de la PRIMERA, SEGUNDA Y TERCERA INICIACIONES, como sigue:

Primera Iniciación.

Plano Físico PUERTA O DIA 1

DECRETAMOS AHORA la integración en el cuerpo físico del primer plano de energía del campo áurico, iglesia principal EFESO (primer chacra-Muladhara), todas las demás subordinadas.

Al arrastrar al físico el primer plano correspondiente a la iglesia de ÉFESO, chacra raíz, se integran las energías correspondientes al primer sub-plano de este plano Físico.

QUE ASI SE ESCRIBA AHORA CON LETRAS DE FUEGO Y ASI SE CUMPLA.

Segunda Iniciación.

Segundo, plano Astral. PUERTA O DIA 3

DECRETAMOS AHORA, la integración en el cuerpo físico del

segundo plano de energías del campo áurico, iglesia principal SMIRNA (segundo chacra- Svadhishthana), todas las demás subordinadas.

Al arrastrar al físico las energías correspondientes a la iglesia de Esmirna, plano Astral, se integran las energías del primer sub-plano del plano Astral, más las del segundo sub-plano del plano Físico.

QUE ASI SE ESCRIBA AHORA CON LETRAS DE FUEGO Y ASI SE CUMPLA.

Tercera Iniciación.

Tercero, plano Mental. PUERTA O DIA 6

DECRETAMOS AHORA la integración en el cuerpo físico del tercer plano de energías del campo áurico, iglesia principal PERGAMO (tercer chacra- Manipura), todas las demás subordinadas.

Al arrastrar al físico las energías correspondiente a la iglesia de Pérgamo, Plano Mental, se integran las del primer sub-plano del Mental, las del segundo del Astral y las del tercero del Físico.

QUE ASI SE ESCRIBA AHORA CON LETRAS DE FUEGO Y ASI SE CUMPLA.

MEDITACIONES ÁRBOL DE LA VIDA 10 SEFIROTH
Decimos REMEMORAR ejercicio para estar en el centro del corazón

CHOKMAH QUINTO NIVEL

DECRETO que todo lo que sigue, sea de inmediato cumplimiento.

QUE ASI SE ESCRIBA AHORA CON LETRAS DE FUEGO Y ASI SE CUMPLA.

TODOS LOS PECADOS O KARMA NEGATIVO INTERNO Y EXTERNO ES ANULADO AHORA. QUEDA LIMPIO. QUEDA SANADO.

Todos los Tapones energéticos, implantes, larvas astrales, entes, dispositivos de control, dispositivos de la Matrix o cualquier otro que impida la libre circulación de energías en nuestros cuerpos es retirado ahora.

La integración en el cuerpo físico de esta esfera vibracional correspondiente a la Séfira CHOKMAH, ubicada en la pituitaria (al lado izquierdo de la nariz), la haremos en nueve meditaciones, que abarcan los tonos vibracionales del 73 al 107.

Como todo ha de estar contenido en todo, la integración se realiza en cada una de las 10 séfiras.

Hoy hacemos la quinta meditación de integración.

Para ello DECRETO QUE.

Se integre en el físico todo que sigue AHORA.

1º- Ochenta y uno tonos vibracionales en MALKUT - Perineo...

2º- Ochenta y tres tonos vibracionales en YESOD - Gónadas.

235

3º- Ochenta y cinco tonos vibracionales en HOD - Hígado.

4º- Ochenta y siete tonos vibracionales en NETZACH - Bazo-Páncreas.

5º- Ochenta y nueve tonos vibracionales en TIPHARET - Centro del Pecho.

6º- Noventa y uno tonos vibracionales en - GEBURAD-Hombro derecho.

7º- Noventa y tres tonos vibracionales en CHESED - Hombro izquierdo.

8º- Noventa y cinco tonos vibracionales en BINAH - Pituitaria derecha.

9º- Noventa y siete tonos vibracionales en CHOKMAH - Pituitaria izquierda.

10º- Noventa y nueve tonos vibracionales en KETHER-Pineal.

Con lo cual las integraciones correspondientes al quinto nivel de CHOKMAH quedan efectuadas.

La integración en el físico de todos estos tonos vibracionales, dependiendo de las personas, puede tardar un hasta día aproximadamente en completarse.

.

DIA CUARENTA Y DOS

Decimos: Activación Guantes de Atracción (ver índice).

Hacer ejercicio para estar en el centro del corazón (ver índice).

Oir audio o leer activación flujos energéticos detallado al principio.

Oir audio y/o leer Decreto erradicación Árbol de la Ciencia del Bien y del Mal

Repetir lectura de la CUARTA Y QUINTA INICIACIONES, como sigue:

Cuarta Iniciación

Cuarto plano Búdico. PUERTA O DIA 10

DECRETAMOS AHORA. Todos tus pecados registrados interna y externamente son perdonados, y el consiguiente karma anulado totalmente. QUEDA LIMPIO. QUEDA SANADO.

Es mi deseo que todos tus genes se regeneren en la perfección óptima.

DECRETAMOS AHORA. Tapones, implantes, larvas astrales, entes, dispositivos de control, dispositivos de la Matrix o cualquier otro que impida o limite la entrada de energías en sus cuerpos son retirados AHORA.

DECRETAMOS AHORA, la integración en el cuerpo físico del cuarto plano de energías del campo áurico. Iglesia principal TIATIRA (cuart chacra- Anahata), todas las demás subordinadas

Al arrastrar al físico las energías correspondientes a la iglesia de Tiatira, plano Búdico, se integran las energías del primer sub-plano de este cuarto plano, más las del segundo del Mental, tercero del Astral y cuarto del Físico.

DECRETAMOS AHORA, la disolución y eliminación de los condicionantes emocionales perjudiciales, éstos son las enseñanzas erróneas que hemos recibido en la infancia e incluso en otras vidas que nos hacen reaccionar de un modo casi instantáneo ante cualquier situación.

QUE ASI SE ESCRIBA AHORA CON LETRAS DE FUEGO Y ASI SE CUMPLA.

Quinta Iniciación

Quinto. Plano ÁTMICO. PUERTA O DIA 15

DECRETAMOS AHORA, la integración en el cuerpo físico del quinto plano de energías del campo áurico, iglesia principal SARDES, (quinto chacra-Vishudda), todas las demás subordinadas

Al arrastrar al físico las energías correspondiente a la iglesia de Sardes, plano Átmico se integran las energías del primer sub-plano de este quinto plano, más las del segundo del Búdico, tercero del Mental, cuarto del Astral y quinto del Físico.

ES NUESTRO DESEO QUE TU CUERPO CELULAR ERRADIQUE AHORA TODAS LAS ANOMALÍAS Y SE REGENERE VERTIGINOSAMENTE.

QUE ASI SE ESCRIBA AHORA CON LETRAS DE FUEGO Y ASI SE CUMPLA

MEDITACIONES ÁRBOL DE LA VIDA 10 SEFIROTH
Decimos REMEMORAR ejercicio para estar en el centro del corazón

CHOKMAH SEXTO NIVEL

DECRETO que todo lo que sigue, sea de inmediato cumplimiento.

QUE ASI SE ESCRIBA AHORA CON LETRAS DE FUEGO Y ASI SE CUMPLA.

TODOS LOS PECADOS O KARMA NEGATIVO INTERNO Y EXTERNO ES ANULADO AHORA. QUEDA LIMPIO. QUEDA SANADO.

Todos los Tapones energéticos, implantes, larvas astrales, entes, dispositivos de control, dispositivos de la Matrix o cualquier otro que impida la libre circulación de energías en nuestros cuerpos es retirado ahora.

La integración en el cuerpo físico de esta esfera vibracional correspondiente a la Séfira CHOKMAH, ubicada en la pituitaria (al lado izquierdo de la nariz), la haremos en nueve meditaciones, que abarcan los tonos vibracionales del 73 al 107.

Como todo ha de estar contenido en todo, la integración se realiza en cada una de las 10 séfiras.

Hoy hacemos la sexta meditación de integración,

Para ello, DECRETO QUE.

Se integre en el físico todo que sigue AHORA.

1º- Ochenta y tres tonos vibracionales en MALKUT - Perineo...

2º- Ochenta y cinco tonos vibracionales en YESOD- Gónadas.

239

3º- Ochenta y siete tonos vibracionales en HOD - Hígado.

4º- Ochenta y nueve tonos vibracionales en NETZACH - Bazo-Páncreas.

5º- Noventa y uno tonos vibracionales en TIPHARET - Centro del Pecho.

6º- Noventa y tres tonos vibracionales en - GEBURAD-Hombro derecho.

7º- Noventa y cinco tonos vibracionales en CHESED - Hombro izquierdo.

8º- Noventa y siete tonos vibracionales en BINAH - Pituitaria derecha.

9º- Noventa y nueve tonos vibracionales en CHOKMAH - Pituitaria izquierda.

10º- Ciento uno tonos vibracionales en KETHER- Pineal.

Con lo cual las integraciones correspondientes al sexto nivel de CHOKMAH quedan efectuadas.

La integración en el físico de todos estos tonos vibracionales, dependiendo de las personas, puede tardar hasta un día aproximadamente en completarse.

DIA CUARENTA Y TRES

Decimos: Activación Guantes de Atracción (ver índice).

Hacer ejercicio para estar en el centro del corazón (ver índice).

Oir audio o leer activación flujos energéticos detallado al principio.

Oir audio y/o leer Decreto erradicación Árbol de la Ciencia del Bien y del Mal

Repetir lectura de la SEXTA Y 7.1 INICIACIONES, como sigue:

Sexta Iniciación

Sexto Plano. MONÁDICO. PUERTA O DIA 21

ANTES DE EMPEZAR REPIRAR HONDO VARIAS VECES, RELAJARSE, PROCURAR NO SER MOLESTADO NI INTERRUMPIDO.

DECRETAMOS AHORA. Todos tus pecados registrados interna y externamente son perdonados, y el consiguiente karma anulado totalmente. QUEDA LIMPIO. QUEDA SANADO.

Es mi deseo que todos tus genes se regeneren en la perfección óptima.

DECRETAMOS AHORA. Tapones, implantes, larvas astrales, entes, dispositivos de control, dispositivos de la Matrix o cualquier otro que impida o limite la entrada de energías en sus cuerpos son retirados AHORA.

DECRETAMOS AHORA, la integración en el cuerpo físico

del sexto plano de energías del campo áurico, iglesia principal FILADELFIA, (sexto chacra- Ajna), todas las demás subordinadas.

Al arrastrar al físico las energías correspondiente a la iglesia de Filadelphia, plano Monádico se integran las energías del primer sub-plano de éste sexto plano, las del segundo del Átmico, tercero del Búdico, cuarto del Mental, quinto del Astral y sexto del Físico.

QUE ASI SE ESCRIBA AHORA CON LETRAS DE FUEGO Y ASI SE CUMPLA

Iniciación Plano Adi 7.1

Séptimo Plano. ÁDI, primer sub-plano. PUERTA O DIA 28

DECRETAMOS AHORA, la integración en el cuerpo físico del primer sub-plano del séptimo plano de energías del campo áurico, iglesia principal LAODICEA (séptimo chacra-Sahasrara), todas las demás subordinadas.

Al arrastrar al físico las energías correspondiente a la iglesia de Laodicea, se integran las energías del primer sub-plano del plano Adi, del segundo sub-plano del Monádico, tercero del Átmico, cuarto del Búdico (momento en que se produce la primera crucifixión), quinto del Mental, sexto del Astral y séptimo del Físico, momento en que hemos integrado totalmente las energías de éste primer plano, enterrándose también en el cuerpo físico las primeras energías del YO SUPERIOR o YO ALMICO

Esto es lo que las tradiciones occidentales han denominado Crucificado, muerto y enterrado descendió a los infiernos.

QUE ASI SE ESCRIBA AHORA CON LETRAS DE FUEGO Y ASI SE CUMPLA.

MEDITACIONES ÁRBOL DE LA VIDA 10 SEFIROTH
Decimos REMEMORAR ejercicio para estar en el centro del corazón

CHOKMAH SÉPTIMO NIVEL

DECRETO que todo lo que sigue, sea de inmediato cumplimiento.

QUE ASI SE ESCRIBA AHORA CON LETRAS DE FUEGO Y ASI SE CUMPLA.

TODOS LOS PECADOS O KARMA NEGATIVO INTERNO Y EXTERNO ES ANULADO AHORA. QUEDA LIMPIO. QUEDA SANADO.

Todos los Tapones energéticos, implantes, larvas astrales, entes, dispositivos de control, dispositivos de la Matrix o cualquier otro que impida la libre circulación de energías en nuestros cuerpos es retirado ahora.

La integración en el cuerpo físico de esta esfera vibracional correspondiente a la Séfira CHOKMAH, ubicada en la pituitaria (al lado izquierdo de la nariz), la haremos en nueve meditaciones, que abarcan los tonos vibracionales del 73 al 107.

Como todo ha de estar contenido en todo, la integración se realiza en cada una de las 10 séfiras.

Hoy hacemos la séptima meditación de integración,

Para ello, DECRETO QUE.

Se integre en el físico todo que sigue AHORA.

1º- Ochenta y cinco tonos vibracionales en MALKUT - Perineo...

2º- Ochenta y siete tonos vibracionales en YESOD- Gónadas.

3º- Ochenta y nueve tonos vibracionales en HOD - Hígado.

4º- Noventa y uno tonos vibracionales en NETZACH - Bazo-Páncreas.

5º- Noventa y tres tonos vibracionales en TIPHARET - Centro del Pecho.

6º- Noventa y cinco tonos vibracionales en - GEBURAD-Hombro derecho.

7º- Noventa y siete tonos vibracionales en CHESED - Hombro izquierdo.

8º- Noventa y nueve tonos vibracionales en BINAH - Pituitaria derecha.

9º- Ciento uno tonos vibracionales en CHOKMAH - Pituitaria izquierda.

10º- Ciento tres tonos vibracionales en KETHER- Pineal.

Con lo cual las integraciones correspondientes al séptimo nivel de CHOKMAH quedan efectuadas.

La integración en el físico de todos estos tonos vibracionales, dependiendo de las personas, puede tardar hasta un día aproximadamente en completarse.

DIA CUARENTA Y CUATRO

Decimos: Activación Guantes de Atracción (ver índice).

Hacer ejercicio para estar en el centro del corazón (ver índice).

Oir audio o leer activación flujos energéticos detallado al principio.

Oir audio y/o leer Decreto erradicación Árbol de la Ciencia del Bien y del Mal

Repetir lectura de la **7.2 Y 7.3 INICIACIONES,** como sigue:

Plano ADI 7.2 Iniciación

SEPTIMO PLANO ADI. Segundo Sub-plano PUERTA O DIA 34

ANTES DE EMPEZAR REPIRAR HONDO VARIAS VECES, RELAJARSE, PROCURAR NO SER MOLESTADO NI INTERRUMPIDO.

DECRETAMOS AHORA. Todos tus pecados registrados interna y externamente son perdonados, y el consiguiente karma anulado totalmente. QUEDA LIMPIO. QUEDA SANADO.

Es mi deseo que todos tus genes se regeneren en la perfección óptima.

DECRETAMOS AHORA. Tapones, implantes, larvas astrales, entes, dispositivos de control, dispositivos de la Matrix o cualquier otro que impida o limite la entrada de energías en sus cuerpos son retirados AHORA.

DECRETAMOS AHORA la integración en el cuerpo físico del segundo sub-plano del plano ADI.

Al arrastrar al físico las energías correspondientes a la iglesia de Laodicea, en su segundo sub-plano, se integran las energías correspondientes a este segundo sub-plano del plano Adi, más las del tercero del Monádico, cuarto del Átmico, quinto del Búdico, sexto del Mental y séptimo del Astral,

QUE ASI SE ESCRIBA AHORA CON LETRAS DE FUEGO Y ASI SE CUMPLA

Plano ADI 7.3 Iniciación

SEPTIMO PLANO ADI, TERCER SUBPLANO PUERTA O DIA 39

DECRETAMOS AHORA la integración en el cuerpo físico del tercer sub-plano del plano ADI.

Al arrastrar al físico las energías correspondientes a la iglesia de Laodicea, en su tercer sub-plano, se integran las energías correspondientes a este tercer sub-plano del plano Adi, más las del cuarto del Monádico, quinto del Átmico, sexto del Búdico, séptimo del Mental.

QUE ASI SE ESCRIBA AHORA CON LETRAS DE FUEGO Y ASI SE CUMPLA

MEDITACIONES ÁRBOL DE LA VIDA 10 SEFIROTH
Decimos REMEMORAR ejercicio para estar en el centro del corazón

CHOKMAH OCTAVO NIVEL

DECRETO que todo lo que sigue, sea de inmediato cumplimiento.

QUE ASI SE ESCRIBA AHORA CON LETRAS DE FUEGO Y ASI SE CUMPLA.

TODOS LOS PECADOS O KARMA NEGATIVO INTERNO Y EXTERNO ES ANULADO AHORA. QUEDA LIMPIO. QUEDA SANADO.

Todos los Tapones energéticos, implantes, larvas astrales, entes, dispositivos de control, dispositivos de la Matrix o cualquier otro que impida la libre circulación de energías en nuestros cuerpos es retirado ahora.

La integración en el cuerpo físico de esta esfera vibracional correspondiente a la Séfira CHOKMAH, ubicada en la pituitaria (al lado izquierdo de la nariz), la haremos en nueve meditaciones, que abarcan los tonos vibracionales del 73 al 107.

Como todo ha de estar contenido en todo, la integración se realiza en cada una de las 10 séfiras.

Hoy hacemos la octava meditación de integración.

Para ello, DECRETO QUE.

Se integre en el físico todo que sigue AHORA.

1º- Ochenta y siete tonos vibracionales en MALKUT - Perineo...

2º- Ochenta y nueve tonos vibracionales en YESOD- Gónadas.

3º- Noventa y uno tonos vibracionales en HOD - Hígado.

4º- Noventa y tres tonos vibracionales en NETZACH - Bazo-Páncreas.

5º- Noventa y cinco tonos vibracionales en TIPHARET - Centro del Pecho.

6º- Noventa y siete tonos vibracionales en - GEBURAD-Hombro derecho.

7º- Noventa y nueve tonos vibracionales en CHESED - Hombro izquierdo.

8º- Ciento uno tonos vibracionales en BINAH - Pituitaria derecha.

9º- Ciento tres tonos vibracionales en CHOKMAH - Pituitaria izquierda.

10º- Ciento cinco tonos vibracionales en KETHER- Pineal.

Con lo cual las integraciones correspondientes al octavo nivel de CHOKMAH quedan efectuadas.

La integración en el físico de todos estos tonos vibracionales, dependiendo de las personas, puede tardar hasta un día aproximadamente en completarse.

.

DIA CUARENTA Y CINCO

Decimos: Activación Guantes de Atracción (ver índice).

Hacer ejercicio para estar en el centro del corazón (ver índice).

Oir audio o leer activación flujos energéticos detallado al principio.

Oir audio y/o leer Decreto erradicación Árbol de la Ciencia del Bien y del Mal

Repetir lectura de la **7.4 Y 7.5 INICIACIONES,** como sigue:

Iniciación Plano Adi 7.4

SEPTIMO PLANO ADI 7.4, PUERTA O DIA 43

ANTES DE EMPEZAR REPIRAR HONDO VARIAS VECES, RELAJARSE, PROCURAR NO SER MOLESTADO NI INTERRUMPIDO.

DECRETAMOS AHORA. Todos tus pecados registrados interna y externamente son perdonados, y el consiguiente karma anulado totalmente. QUEDA LIMPIO. QUEDA SANADO.

Es mi deseo que todos tus genes se regeneren en la perfección óptima.

DECRETAMOS AHORA. Tapones, implantes, larvas astrales, entes, dispositivos de control, dispositivos de la Matrix o cualquier otro que impida o limite la entrada de energías en sus cuerpos son retirados AHORA.

DECRETAMOS AHORA la integración en el cuerpo físico del

cuarto sub-plano del plano ADI.

Al arrastrar al físico las energías correspondientes a la iglesia de Laodicea, en su cuarto sub-plano, se integran las energías correspondientes a este cuarto sub-plano del plano Adi, más las del quinto del Monádico, sexto del Átmico, séptimo del Búdico.

Esto es lo que ha sido denominado en la cultura Occidental como LA RESURRECCION, y, AL TERCER DIA. RESUCITO DE ENTRE LOS MUERTOS.

QUE ASI SE ESCRIBA AHORA CON LETRAS DE FUEGO Y ASI SE CUMPLA

Iniciación Plano Adi 7.5

SEPTIMO PLANO ADI. QUINTO SUBPLANO PUERTA O DIA 46

DECRETAMOS AHORA la integración en el cuerpo físico del quinto sub-plano del plano ADI.

Al arrastrar al físico las energías correspondientes a la iglesia de Laodicea, en su quinto sub-plano, se integran las energías correspondientes a este quinto sub-plano del plano Adi, más las del sexto del Monádico y séptimo del Átmico.

Esto es lo que ha sido denominado en la cultura Occidental como EL PERDON DE LOS PECADOS, con la consiguiente regeneración genética.

QUE ASI SE ESCRIBA AHORA CON LETRAS DE FUEGO Y ASI SE CUMPLA

MEDITACIONES ÁRBOL DE LA VIDA 10 SEFIROTH
Decimos REMEMORAR ejercicio para estar en el centro del corazón
CHOKMAH NOVENO NIVEL

DECRETO que todo lo que sigue, sea de inmediato cumplimiento.

QUE ASI SE ESCRIBA AHORA CON LETRAS DE FUEGO Y ASI SE CUMPLA.

TODOS LOS PECADOS O KARMA NEGATIVO INTERNO Y EXTERNO ES ANULADO AHORA. QUEDA LIMPIO. QUEDA SANADO.

Todos los Tapones energéticos, implantes, larvas astrales, entes, dispositivos de control, dispositivos de la Matrix o cualquier otro que impida la libre circulación de energías en nuestros cuerpos es retirado ahora..

La integración en el cuerpo físico de esta esfera vibracional correspondiente a la Séfira CHOKMAH, ubicada en la pituitaria (al lado izquierdo de la nariz), la haremos en nueve meditaciones, que abarcan los tonos vibracionales del 73 al 107.

Como todo ha de estar contenido en todo, la integración se realiza en cada una de las 10 séfiras.

Hoy hacemos la novena meditación de integración,

Para ello, DECRETO QUE.

Se integre en el físico todo que sigue AHORA.

1º- Ochenta y nueve tonos vibracionales en MALKUT - Perineo...

2º- Noventa y uno tonos vibracionales en YESOD- Gónadas.

3º- Noventa y tres tonos vibracionales en HOD - Hígado.

4º- Noventa y cinco tonos vibracionales en NETZACH - Bazo-Páncreas.

5º- Noventa y siete tonos vibracionales en TIPHARET - Centro del Pecho.

6º- Noventa y nueve tonos vibracionales en - GEBURAD- Hombro derecho.

7º- Ciento uno tonos vibracionales en CHESED - Hombro izquierdo.

8º- Ciento tres tonos vibracionales en BINAH - Pituitaria derecha.

9º- Ciento cinco tonos vibracionales en CHOKMAH - Pituitaria izquierda.

10º- Ciento siete tonos vibracionales en KETHER- Pineal.

Con lo cual las integraciones correspondientes al noveno nivel de CHOKMAH quedan efectuadas.

Hecho esto, la Séfira CHOKMAH (YAH " El Señor ") se integra ahora totalmente en su lugar físico, zona de la pituitaria, al lado izquierdo de la nariz, y la cantidad de tonos vibracionales que le corresponden en las demás séfiras.

Notad ahora como desciende un Árbol de la Vida, con todas sus séfiras, notándose CHOKMAH resaltada, ya que está completa.

La integración en el físico de todos estos tonos vibracionales, dependiendo de las personas, puede tardar hasta un día aproximadamente en completarse.

DIA CUARENTA Y SEIS

Decimos: Activación Guantes de Atracción (ver índice).

Hacer ejercicio para estar en el centro del corazón (ver índice).

Oir audio o leer activación flujos energéticos detallado al principio.

Oir audio y/o leer Decreto erradicación Árbol de la Ciencia del Bien y del Mal

Repetir lectura de la **7.6 Y 7.7 INICIACIONES**, como sigue:

Iniciación Plano Adi 7.6

SEPTIMO PLANO ADI. SEXTO SUBPLANO PUERTA O DIA 48

ANTES DE EMPEZAR REPIRAR HONDO VARIAS VECES, RELAJARSE, PROCURAR NO SER MOLESTADO NI INTERRUMPIDO.

DECRETAMOS AHORA. Todos tus pecados registrados interna y externamente son perdonados, y el consiguiente karma anulado totalmente. QUEDA LIMPIO. QUEDA SANADO.

Es mi deseo que todos tus genes se regeneren en la perfección óptima.

DECRETAMOS AHORA. Tapones, implantes, larvas astrales, entes, dispositivos de control, dispositivos de la Matrix o cualquier otro que impida o limite la entrada de energías en sus cuerpos son retirados AHORA.

DECRETAMOS AHORA la integración en el cuerpo físico del sexto sub-plano del plano ADI

Al arrastrar al físico las energías correspondientes a la iglesia de Laodicea, en su sexto sub-plano, se integran las energías correspondientes a este sexto sub-plano del plano Adi, más las del séptimo del Monádico.

Esto es lo que ha sido denominado por la Cultura Occidental LA ASCENSION A LOS CIELOS.A los 40 días ascendió a los cielos y está sentado a la Derecha del Padre.

QUE ASI SE ESCRIBA AHORA CON LETRAS DE FUEGO Y ASI SE CUMPLA

Iniciación Plano Adi 7.7

SEPTIMO PLANO ADI. SEPTIMO SUBPLANO. PUERTA O DIA 49

DECRETAMOS AHORA la integración en el cuerpo físico del séptimo sub-plano del plano ADI.

Al arrastrar al físico las energías correspondientes a la iglesia de Laodicea, en su séptimo sub-plano, se integran las energías correspondientes a este séptimo sub-plano del plano Adi. EL AMEN EN LA CULTURA OCCIDENTAL-

QUE ASI SE ESCRIBA AHORA CON LETRAS DE FUEGO Y ASI SE CUMPLA

MEDITACIONES ÁRBOL DE LA VIDA 10 SEFIROTH
Decimos REMEMORAR ejercicio para estar en el centro del corazón
KETHER

DECRETO que todo lo que sigue, sea de inmediato cumplimiento.

QUE ASI SE ESCRIBA AHORA CON LETRAS DE FUEGO Y ASI SE CUMPLA.

TODOS LOS PECADOS O KARMA NEGATIVO INTERNO Y EXTERNO ES ANULADO AHORA. QUEDA LIMPIO. QUEDA SANADO.

Todos los Tapones energéticos, implantes, larvas astrales, entes, dispositivos de control, dispositivos de la Matrix o cualquier otro que impida la libre circulación de energías en nuestros cuerpos es retirado ahora.

La integración en el cuerpo físico de esta esfera vibracional correspondiente a la Séfira KETHER, ubicada en la pineal, abarca los tonos vibracionales del 91 al 109.

Como todo ha de estar contenido en todo, la integración se realiza en cada una de las 10 séfiras.

Para ello, DECRETO QUE.

Se integre en el físico todo que sigue AHORA.

1º- Noventa y uno tonos vibracionales en MALKUT - Perineo...

2º- Noventa y tres tonos vibracionales en YESOD- Gónadas.

3º- Noventa y cinco tonos vibracionales en HOD - Hígado.

4º- Noventa y siete tonos vibracionales en NETZACH - Bazo- Páncreas.

5º- Noventa y nueve tonos vibracionales en TIPHARET -

Centro del Pecho.

6º- Ciento uno tonos vibracionales en - GEBURAD- Hombro derecho.

7º- Ciento tres tonos vibracionales en CHESED - Hombro izquierdo.

8º- Ciento cinco tonos vibracionales en BINAH - Pituitaria derecha.

9º- Ciento siete tonos vibracionales en CHOKMAH - Pituitaria izquierda.

10º- Ciento nueve tonos vibracionales en KETHER- Pineal.

Con lo cual las integraciones correspondientes a KETHER, quedan transmitidas.

Hecho esto, la Séfira KETHER (EHEIEH " YO SOY ") se integra ahora totalmente en su lugar físico, zona de la pineal, y la cantidad de tonos vibracionales que le corresponden en las demás séfiras.

Notad ahora como desciende un Árbol de la Vida, completo con sus séfiras resaltadas, MALKUT, YESOD, HOD, NETZACH, TIPHARET, GEBURAD, CHESED, BINAH, CHOKMAH y KETHER, todas ellas resaltadas y completas..

La integración en el físico de todos estos tonos vibracionales, dependiendo de las personas, puede tardar hasta un día aproximadamente en completarse.

Con esta última integración hemos acabado con las Iniciaciones correspondientes a las llamadas en oriente 49 puertas o días y en occidente el MISTERIO DEL BAUTISMO, ESTANCIA EN EL DESIERTO, PREDICACION, CRUCIFIXION, RESURRECCION, PERDON DE LOS PECADOS, ASCENSION, AMEN.

Ahora levanta las manos por encima de tu cabeza y pide tu cuerpo de Luz.

Notarás vibración en las palmas de las manos, ve descendiendo lentamente las manos sin perder la conexión, notarás como todo tu cuerpo físico eleva su nivel de Vibración, mientras se va acoplando tu cuerpo de Luz.

Ahora levanta nuevamente las manos notarás de nuevo Vibración en ellas, esta es de tu propio Ser Superior, aguanta la vibración, y luego lentamente desciende las manos hacia abajo, con lo que irás integrando las energías de tu propio Yo Soy, aprovecha para preguntarle su nombre mensajes etc.

Ésta es una integración importante aunque hay más, muchas más, hasta completar todos tus 72 planos y tus 1720 cuerpos inmortales de luz.

Con la Invocación del audio de Irradiación Fuego Diamantino, si quieres puedes pedir que se te coloquen ya los "guantes" del llamado Manantial de la Eterna Juventud.

El trabajo con el trabajo en el Octavo chacra se corresponde con la segunda parte del Método Pempenides El Libro de la Vida, a partir del primer sub-plano del octavo chacra entra en vigor el trabajo con el árbol de la vida de 14 séfiras, sistema de 14 chacras.

Del libro de ENOC "Observad y ved cómo todos los árboles se secan y cae todo su follaje; excepto catorce árboles cuyo follaje permanece y esperan con todas sus hojas viejas hasta que vengan nuevas tras dos o tres años".

Nuevos humanos de Larga Vida tengan en cuenta que para mantener este estado, han de vivir como tales, han de permanecer constantemente en el AMOR UNIFICADO

INCONDICIONAL también llamado AMOR INMORTAL y sentir, pensar hablar y actuar en consecuencia con este estado.

Por todo lo anterior recomiendo que en sus vidas diarias sigan trabajando con la activación de los flujos energéticos, con las audiciones o lecturas del Decreto de erradicación del Árbol de la Ciencia del Bien y del Mal y con las diversas meditaciones del método.

También pueden invocar mi presencia llamándome OMNINOMBRE tres veces para solicitar lo que necesiten, y también pueden pedir que mi campo energético se acople a su propio campo áurico si lo desean.

También pueden utilizar el Mantra de invocación BABAJI HARI OM, bien repitiéndolo por Vds. mismos repetidas veces o bien utilizando el audio grabado con mi Verbo que acompaño con este método.

Nota Importante: No es imprescindible hacer el trabajo con los Tronos antes de seguir con las chacras extra físicos, se puede seguir con la chacra 8, 9 etc., aunque este trabajo con los TRONOS no se haga, en cualquier caso este sistema 40 días es conveniente hacerlo tres veces, las repeticiones se pueden hacer simultáneamente con el trabajo de los chacras extra-físicos, que se correspond en al método segunda parte en adelante.

El trabajo con los Tronos, la Limpieza del Inconsciente y cualquier otra cosa se acelera por medio de la activación del "guante" de ATRACCION.

Es recomendable aunque no imprescindible empezar el trabajo con los **Tronos,** para ello.

Respiran hondo, dilatando las costillas laterales, y se sumergen en su centro del pecho, sientan el latido de su corazón, agradézcanle, su labor incesante latiendo minuto a minuto sin parar para mantener todo el organismo con vida, nos acercamos, y lentamente nos introducimos dentro, dejándonos caer.

Vamos descendiendo dentro de nuestro corazón y allí veremos un sillón o sofá nos sentamos, desde allí podemos "ver" todo nuestro cuerpo y más allá.

Ahora pedimos ver el TRONO 100, aparecerá, nos dirigimos a él y nos sentamos.

Decretamos su activación y notamos como empieza a irradiar energía que vamos asimilando, al principio, empezamos contando 10 segundos, al acabar la cuenta decretamos que cese, nos bajamos del trono y volvemos al sillón del centro del pecho, notaremos como la energía sigue elevando nuestro nivel de vibración cada vez más, cada vez más.

Repetiremos este ejercicio dos o tres veces al día según nos encontremos, elevando cada vez el tiempo que estamos sentados en el **TRONO**, hasta que dejen de sentir su vibración o alcanzar los 100 segundos, momento que habremos terminado con el trabajo, y podemos hacer lo mismo pidiendo el **TRONO 200**, repitiendo la operación, y así sucesivamente hasta alcanzar el **TRONO 1000**.

También es recomendable hacer este trabajo con los **TRONOS TRES VECES.**

La primera es la descrita más arriba, **la segunda** es similar pero con la **salvedad que no cambiaremos de TRONO hasta conseguir vernos como nos enterramos en el TRONO,** en cada uno de ellos (100, 200, 300 etc.,) esto es, nos convertimos en el TRONO MISMO, de tal forma que parezca que nos bilocamos por una parte somos nosotros mismos por otra somos el TRONO al quedarnos **enterrados en él.**

La tercera parte es a la inversa, no cambiaremos de TRONO hasta conseguir que el TRONO se integre en nosotros, debemos notar que al terminar el trabajo con el TRONO 100 por ejemplo después del conteo de los 100 segundos si no se ha logrado antes, al levantarnos del TRONO, **éste queda pegado a nosotros y se integra en nuestro propio cuerpo.**

Al acabar esta tercera parte en el TRONO MIL, habremos terminado este trabajo con los TRONOS, momento en que estarán preparados para hacer el proyecto **GAIA 33** si ése es su deseo.

A RECORDAR: PEQUEÑO TRATADO GUANTES DE ENERGIA

Son unas estructuras energética que van alrededor y por dentro del cuerpo físico órganos, células y ADN. Es una de las herramientas más potente que existen en la actualidad.

La primera vez escuchar el audio de Irradiación Fuego Diamantino, y seguir los parámetros para invocar a Sameshing, o, por cualquiera de sus nombres, como Abraxas JMG o simplemente como Omninombre y pedir los guantes.

Tener las 2 manos separadas, y comienzan a entrar, llegan a los codos, suben a los hombros, van a la cabeza y luego bajan por todo cuerpo hasta llegar a las plantas de lo pies.

Una vez se han integrado se pide activación guantes de......y para quitarlos, parar guantes de...........

Los guantes se piden una vez y luego se activan y desactivan las veces que uno decida usarlos.

Para pedir guantes nuevos el mismo procedimiento pero no hace falta escuchar otra vez el audio del fuego diamantino.

GUANTES DE REPULSIÓN: Se utilizan para sacar las energías que no son nuestras, que nos han incrustado otras personas, ya sea en esta vida ó en vidas pasadas, es aconsejable luego de utilizar estos guantes leer algún decreto del método y /ó hacer alguna meditación de limpieza.
Estos guantes al colocarlos se decreta que "todas las energías que salgan sean envueltas y transmutadas con el "rayo fuego violeta" y nos vemos envueltos en el fuego violeta, no tener las manos apoyadas en el cuerpo porque las energías vuelven a entrar, deben estar separadas del cuerpo en lo posible palmas mirando hacia arriba.
También se pueden utilizar para ayudar a Gaia para limpiar

energías de baja frecuencia acumuladas en ella, nuestras y/ó de otros. Se hace contacto con Gaia y se le pide que nos dé esas energías, suben por nuestras piernas, entran a nuestro cuerpo y luego salen y se transmutan en llama violeta. No se recomienda hacer este trabajo solo.

GUANTES DE ATRACCIÓN: Se utilizan para atraer lo que queramos, trabajo, dinero, abundancia material y energética, buenas relaciones, etc.
Siempre que estemos integrando energías utilizarlos porque se integran rápidamente. Se puede leer ó escuchar un decreto con estos guantes puestos es muy potente.

GUANTES GLANDULAS ENDOCRINAS, estos guantes sirven para activar, regular y equilibrar la producción hormonal del cuerpo

GUANTES DE REFRACCION: Actúan como un escudo, conviene tenerlos puestos siempre, evitan que nos entren energías negativas de los demás.
También se pueden poner en la casa, auto, etc.

GUANTES DE SANACION: Estos guantes entran sólo hasta el codo y sirven para sanarnos a nosotros ó a otras personas, colocando las manos en la zona afectada, la energía se irradia sola. También sirven para activar los chacras colocando las manos,.

GUANTES DE SANACIÓN TOTAL: Se utilizan para sanarnos y si tenemos localizada una zona enferma llevar nuestra atención allí y visualizar como la zona se va regenerando. No hace falta colocar las manos.

GUANTES DE SANACION HOLOTROPICA: Estos guantes actúan en todos los cuerpos también activan mucho el flujo de la respiración. Utilizarlos junto a los guantes de sanación total y otros.

GUANTES ATEMPORALIDAD: Éstos guantes nos ayudan a estar en el momento presente, el Eterno Ahora, se utilizan para acelerar las sanaciones, o cualquier otra cosa en el tiempo.

GUANTES MANANTIAL DE LA ETERNA JUVENTUD: Después de haber terminado el método y/ó haber integrado el sistema de 40 días pedir estos guantes para iniciar el proceso de rejuvenecimiento.

GUANTES DE ELEVACIÓN DE FRECUENCIAS: Se utilizan para elevar nuestra frecuencia celular. Ponernos estos guantes por unos minutos después de haber terminado un trabajo, hace que se fijen las energías y se evita que vuelva a atrás.

GUANTES RAYO LLAMA VIOLETA: Se integran en el campo áurico, y abarcan también el cuerpo físico como todos los demás guantes.. Activar estos guantes para fijarlos bien en el campo áurico tres veces al día

GUANTES CONEXIÓN FUENTE CORAZÓN: Estos guantes hay que tenerlos siempre activados, nos mantiene centrados en el corazón. Nos conecta con el corazón, hacia abajo con Gaia y hacia arriba con el infinito.

GUANTES DE ACTIVACION DE FLUJOS ENERGETICOS CORPORALES:
Es conveniente poner estos guantes todos los días, activan todos los flujos corporales (de pierna a pierna, de mano a mano, trasero delantero, soplo primario de vida, faxias superficiales y profundas, kundalini y Pineal.)

GUANTES DE ACTIVACIÓN DE SISTEMAS DE CHACRAS: Activan y regulan nuestro chacras.

GUANTES DE ACTIVACION DEL SISTEMA GLANDULAR ENDOCRINO: Activan y regulan funcionamiento de nuestras glándulas (árbol de la vida)

GUANTES DE RELAJACIÓN: Sirven para relajarnos

GUANTES DE RELAJACIÓN INDUCTORES DEL SUEÑO: Se utilizan para ayudar a dormir.

GUANTES DE FORTALECIMIENTO: Para fortalecer músculos, órganos, etc. También para fortalecer la memoria.

GUANTES CUERPO DE GRACIA: Nos deja en un estado de amor y paz. En la cuarta vértebra cervical tenemos el chacra de la Gracia.

GUANTES CUERPO DE GLORIA: Ubicación hígado y pituitarias, activa la Gloria de nuestro Dios Interno en nosotros.

GUANTES UNIFICACION: Sólo pedirlos después de haber escuchado varias veces la trasmisión que hay en el canal de tv para ello, o haber terminado como mínimo los 40 días, tiende a erradicar la DUALIDAD entrando a formar parte del Ser Humano Galáctico de pleno derecho.

Los guantes de atracción – de irradiación – de sanación son guantes neutros, cuando se utilizan hay que poner la intención.

En general hay energías guantes para todo. También cada uno de vuestros aspectos multidimensionales hay que integrarlo a nivel Guante en el ADN.

PARA PROTECCION CUANDO SALIMOS DE CASA

Se piden también a través de la Invocación, de la misma forma que con los guantes.

BOTAS DE FUEGO: Se colocan hasta las rodillas están hechas de energía dorada muy fuerte para evitar que se nos peguen larvas y energías negativas del suelo.

CAPA :   Para evitar que nos pasen energías negativas otras personas, por si nos abrazan ó nos tocan.

SOMBRERO DORADO: Evita que absorvamos pensamientos negativos del inconsciente colectivo.

ACTIVACIONES VARIAS:

Pedir a   través de la Invocación de la Irradiación Fuego Diamantino que te fije las frecuencias-Mantras siguientes:

En el perineo   **RING – E,** activa la conexión con Tierra

En el sacro **EOH,** irradia el Fuego del Sacro.

En el ombligo   **NIAK –E**, gobierna el cuerpo desde las piernas hasta el ombligo.

En el Plexo   **ANTAHKARANA – E,** se coloca como una faja dorada por toda la cintura, activador del ADN.

En el Pecho- Entre los senos (séfiroth Tipharet)   **AM**

En el Omoplato derecho (sefiroth GEBURAH)   **OM**

En el Omoplato Izquierdo (sefiroth CHESED)   **IM**

Estas tres forman el triangulo del Fuego del Corazón.

En el perineo **PAX**

Estas letras mantras conviene trabajarlas de vez en cuando para activarlas más cada vez.
Como sabes los seres humanos cuentan con un ADN en base Carbono 666, y que en esta época es posible modificar ese

ADN basc carbono en ADN base Silicio (cistalino-cristico).

Para ello si cuentas con una preparación energetica-vibratoria como la que otorga el sistema 40 días la Inmortalidad al Alcance de la Mano o similar, puedes si quieres hacer un pequeño trabajo para acceder al ADN base silicio.

Para ello necesitarás tres días, el primero será de adaptación, para ello ese dia es recomendable solo ingerir líquidos, (agua, zumos naturales, te).

El segundo día previa conexión con nuestra amada GAIA, se activan los guantes de REPULSION más los guantes Llama Rayo Violeta y se trabaja con ellos durante 8 horas aproximadamente, dejando que por tus manos y resto del cuerpo vaya saliendo la energía de baja vibración (puedes hacer dos turnos de 4 horas) solo se beben líquidos en todo el día.

El tercer día se contecta con GAIA nuevamente y te colocas un cristal de cuarzo transparente a la altura del Timo.

Aquí trabajamos con guantes de Atracción de Energías de Alta Vibración para atraer, integrar y activar en el físico el ADN, cristalino-base silicio, este trabajo dura aproximadamente 5 horas, en el transcurso de las cuales puedes notar frio y calor simultáneamente, tambien puedes recibir mensajes de nuestra amada GAIA e incluso del propio cristal.

Ver Integracion GAIA- CUERPO CRISTICO en

http://metodopempenides.com/spip/spip.php?article330

Para personas que les puede costar hacer esto solas, estoy haciendo en España encuentros taller de fin de semana enfocados exclusivamente a este fin.

QUE EL AMOR UNIFICADO INCONDICIONAL SEA

SIEMPRE SU BANDERA.

SAMESHING

YO SOY LO QUE SOY, ABRAXAS JMG OMNINOMBRE

Inscrito en el Registro de la Propiedad, reservados todos los derechos.

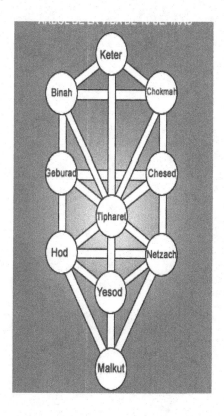